Zbigniew Herbert

Na okładce:
Johannes Vermeer, *Widok Delft* (fragment)
Mauritshuis, Haga
© Photo SCALA, Florence

© by Katarzyna Herbertowa, Halina Herbert-Żebrowska
& Fundacja Zeszytów Literackich, Warszawa 2008

ISBN 978-83-60046-91-3

Zrealizowano ze środków
Ministra Kultury i Dziedzictwa Narodowego

Zbigniew Herbert

„Mistrz z Delft"
i inne utwory odnalezione

opracowała, ułożyła w tom
i opatrzyła komentarzem
Barbara Toruńczyk

współpraca: Henryk Citko

I. Szkice

Hamlet na granicy milczenia

Rekonstrukcja przestrzeni i czasu

Mogę długo z twarzą w dłoniach powtarzać Elsinor, Elsinor, Elsinor, ale z głębi mojej wyobraźni nie wysuwa się na powierzchnię zamkniętych oczu żaden obraz. Nie mogę także przystać na to, co oferuje mi fantazja innych, i nawet prawdziwa fotografia zamku Kronborg zderza się z moją irracjonalną pewnością, że to nic mogło się stać tam właśnie. Oprowadzający po tym zamku wskazuje na marmurową urnę zwaną grobem Hamleta i z solenną ironią mówi: „Oto jedyne miejsce na świecie, co do którego jesteśmy pewni, że nie spoczywają w nim szczątki księcia duńskiego". Jeśli można zobaczyć przepaść, to widzę właśnie przepaść: urwisko z ryczącym w dole morzem, miejsca, po których wodził Duch Hamleta. Dalej trochę mgły i kamieni, obłoków i czerni. Wyraźnie czuję na twarzy wiatr północno-zachodni, ten wiatr natchnionego szaleństwa. Obłoki, morze i wiatr, kruche ramy, w których zamyka się świat pełen niedopowiedzianej widzialności.

Niemożność lokalizacji tragedii stanowiła w historii moich doznań ważny punkt. Zrozumiałem, że Elsinor znaczy wszędzie, że jest to bezimienna przestrzeń, płaski stół, na który los rzuca kości.

Drugi abstrakcyjny bohater tragedii — czas — jest już najbardziej uchwytny i wyczuwalny. W tragedii antycznej jest on czynnikiem zaledwie obiektywnym i jak gdyby niezależnym od autora. Bohaterowie po regularnych stopniach wierszy idą ku swoim szczytom na krawędź swoich przeznaczeń. Oko poety i widza postrzega sprawy niedające się ująć w żadne kategorie historyczne. Orestes wiecznie podnosi swój miecz niewinnego zbrodniarza, Antygona w każdej chwili zaciska twarde wargi (nie! nie!), bez

7

końca cierpi Prometeusz. W tragicznym Tartarze dzieje bohaterów otrzymują łaskę czy klątwę absolutnego trwania.

Na kogoś, kto by chciał stosować tę samą skalę do tragedii nowożytnej, czekają już na samym wstępie problemy komentatorów i ich nieporozumienia. Jeśli nie zrozumie się zjawisk subiektywizacji czasu, jeśli nie zdoła się odczytać jego zmiennego nurtu, popełni się błąd tych wszystkich, którzy ratując regularność budowy dzieła, przekręcają jego sens i prawdę wewnętrzną postaci. Jak płynie czas w *Hamlecie* w tych dwudziestu scenach podzielonych sztucznie na akty? Ile godzin, dni, tygodni zawiera się w czarnej ramie dwu nocy — nocy na murach i nocy nad ciałem księcia? Kto badał i kto próbował odczytać zmienny puls tragedii? Podział na akty z grubsza oddaje zmiany tempa: akty I, III i V zawierają skondensowany ładunek czasu, podzielone są aktami wytchnienia, zwłaszcza rozlewnym czwartym, napisanym jakby po to, aby przygotować finał tragedii, gdzie szybkie sekundy krzesze szpada nacierającego księcia.

Ile razy pojawia się na scenie jego postać, doznajemy przenikliwego uczucia zagęszczenia czasu. Nie tylko dlatego, że jest on naczelną postacią tragedii, ani nie przez świadomość, że to on dokona czynu. Hamlet przyspiesza czas samym swoim istnieniem, męką pamięci, wysiłkiem rozmyślań. Dąży ku rozwiązaniu nie tylko czynem i słowem, ale także upartym milczeniem, gorączkową egzystencją. Wobec tej bezpośrednio odczutej prawdy upada kulawa teoria wahań i hamletyzowanie tych, którzy urzeczeni czasem zegarmistrzów zapomnieli o jego starej mierze i skurczu ludzkiego serca.

Nad sceną wisi parne powietrze przyspieszające bujną wegetację istnień, namiętności i losów. W ciągu paru godzin można spełnić całe życie: w jednej scenie jest dość miejsca na wiele umierań. Ta intensywność teatralnego życia tłumi pytanie o przeszłość bohaterów.

A jednak nie mogę wstrzymać się od myśli o tym, kim był Hamlet przedtem, poza kamiennym pierścieniem Elsinoru, wtedy kiedy był po prostu studentem wittenberskiego uniwersytetu. Wiem, że to nietakt, usprawiedliwiony tylko tak jak ciekawość zakochanych, którzy chcieliby słyszeć o każdym dniu przeszłości, o każdej chwili rozłąki. Gdybyż komentatorzy, zamiast fantazjować na temat tego, co zostało napisane, raczej odtwarzali to, czego nie ma i co trzeba odbudować wysiłkiem wiernej wyobraźni. Na pewno został jakiś ślad. W starych antykwariatach leży zapomniany zbiór sonetów miłosnych księcia, a w podziemiach Elsinoru od wieków butwieje wittenberski kufer, który dla badacza prehistorii Hamleta miałby taką wartość jak skarb Priama dla poszukiwacza Troi. Wśród sterty papierów i sztucznych kwiatów paczka listów Ofelii („u nas pada wciąż deszcz. Morze tak szumi. Ojciec ma dużo kłopotów biurowych. Laertes chodzi na polowania. Jestem cały dzień sama. Wczoraj płakałam i ojciec powiedział, że jestem niemożliwa. A ja nie jestem niemożliwa, tylko jest mi bardzo smutno. Kiedy przyjedziesz?". Zupełny brak stylu, prawda?). Jest także kostium i maski-rekwizyty amatorskich sukcesów. Skrypty z wykładów, do połowy rozcięty Montaigne, zwinięta wstążka, która gdyby dała się rozwinąć, doprowadziłaby do spraw bardzo intymnych. I jeszcze instrument z pękniętą struną. Na dnie kufra rozprawa księcia pt. *Sylogizm Barbara i jego zastosowanie w poznaniu rzeczywistości*. W tym czasie Hamlet, podobnie jak jego koledzy, uległ zabobonnemu racjonalizmowi i wierzył, że ludzie mogą uniknąć cierpień i nieszczęść, stosując zasady logiki.

Dwie impertynencje i zapowiedź

W brudnych pończochach opuszczonych do kostek błąka się książę po krużgankach Elsinoru, z otwartą książką, bezsilnym sztyletem, więdnącym kwiatem.

— Patrzcie, idzie biedak. Czyta.

Ukryci za kolumną słyszą stłumione westchnienia i pomieszane słowa. Widzą przesuwającą się chwiejnym krokiem postać księcia, który wlecze za sobą z wysiłkiem cień. Widzą także czarny płaszcz zsuwający się z ramion. Biada tym, którzy nie widzą nic więcej, którym płaszcz i cień przesłoniły człowieka.

W najpospolitszych sądach o Hamlecie żyje on jako synonim słabości, chorobliwej niezdolności czynu i wahań. W zakamarkach naszych niepogłębionych wrażeń błąka się czarno ubrany chłopak, który przed tragicznym obowiązkiem ucieka w komedianctwo i sztukę, filozofię i szaleństwo. Zresztą wiele uczonych komentarzy idzie w tym kierunku. Interpretacja Hamleta jako słabeusza ma na swoje poparcie nie byle jakie nazwiska. Oprócz autorytetów-argumentów są jeszcze cytaty-argumenty. Ponieważ nasza czołobitność wobec autorytetów jest dość umiarkowana i wiemy, jak łatwo dowieść czegokolwiek cytatami, odczytamy na nowo tragedię jako całość. Wbrew pospolitości, która zabiła go słowem „hamletyzm", i wbrew komentatorom, którzy z czterech humorów władających naturą człowieka widzą w nim tylko flegmę i melancholię, postaramy się przywrócić księciu krew, żółć i wielkość.

Epilog przy zgaszonych światłach

Jedną z istotnych przyczyn utrudniających zrozumienie Hamleta jest nieokreślony stosunek samego Szekspira do tej postaci. Wydaje się również, że autor nie potrafił wytrzymać odpowiedniego dystansu, nie potrafił być obiektywnym kronikarzem losów bohatera. Raz po raz dochodzi do niebezpiecznych związków, podejrzanych konszachtów między Hamletem-księciem a Hamletem-Szekspirem.

Najmocniejszym i najbardziej intymnym węzłem łączącym poetę i jego bohatera jest zapoznany fakt, że obaj są artystami. Obstaję przy tej tezie, nawet gdyby nie udało się odnaleźć owych sonetów miłosnych księcia i nawet gdyby okazało się, że w amatorskiej trupie studenckiej grał on rolę suflera. Entuzjazm i znawstwo, z jakim podejmował aktorów w Elsinorze, też nie mogą być poczytywane za dostateczny argument w uznaniu Hamleta artystą. Zresztą scena rozmowy z aktorami jest tak jawnie odautorska, że aż razi nagłą przemianą poezji w publicystykę. Także nie zadowolimy się tą kilkunastowierszową wstawką księcia dopisaną do Morderstwa Gonzagi. Gdzież więc szukać dowodów artystycznej postawy Hamleta wobec świata, tej postawy, która źle pojęta sprowadza na niego zarzut „hamletyzowania" — rozumianego jako wyżywanie się w sferze wyobraźni.

Że przedstawienie *Morderstwa Gonzagi*, odegrane przez przyjezdną trupę aktorów, nie jest tylko próbą rozerwania melancholijnego księcia, o tym wiemy dobrze wszyscy. Zdajemy sobie sprawę, że jest to moment, na który pada szczególny akcent, że jest to chwila przełomu i że odtąd akcja potoczy się po tamtym opadającym zboczu tragedii. Czujemy także, że przypisanie tej przełomowej roli s z t u c e odczytać należy jako znak czy symbol spraw głębszych. Zrozumienie zamiaru Hamleta nie nasuwa specjalnych trudności. Pantomima odegrana przez aktorów jest udramatyzowaną relacją Ducha, domniemanym przebiegiem morderstwa dokonanego przez Klaudiusza na osobie Hamleta-ojca. Książę liczy, że Klaudiusz obecny na przedstawieniu zdradzi się jako morderca. W ten bardzo freudowski sposób Hamlet stara się upewnić, czy Duch nakazujący mu zemstę nie jest zwodniczą zjawą z piekieł. Czy jednak te motywy śledcze odgrywają tutaj decydującą rolę? Wydaje się, że Hamlet jest zbyt mocno przekonany o tym, że Klaudiusz jest zbrodniarzem, aby miał się uciekać do takich wymyślnych i, dodajmy, nie całkiem miarodajnych sposobów dochodzenia prawdy. Jest więc pantomima pierwszym bezkrwawym zamachem dokonanym w świecie wyobrażeń i kształtów idealnych. Jest z e m s t ą   e s t e t y c z n ą, której Hamlet-artysta wpierw musiał zakosztować.

Przedziwny fenomen, już nie psychologiczny, nie estetyczny, ale jakiś „meta", że po tragedii wychodzimy z teatru mocno podniesieni na duchu, tłumaczy Arystoteles oczyszczającą rolą sztuki, która wypiera z duszy dręczące afekty. Uczestnicząc w losie bohaterów, dźwigamy razem z nimi brzemię winy, doznajemy ciosów kary i łaski przebaczenia. Ale jeśli ukryci w mroku widowni mordercy doznają oczyszczenia, jak jest z tą „moralnością" sztuki? Przyjmijmy raczej, że sztuka porazi ich nieodpartą tęsknotą za prawdziwym oczyszczeniem, wolą dobra. Jeśli tak, to dlaczego Klaudiusz — zbrodniarz o pełnej świadomości moralnej, zbrodniarz, który się modli, któremu śni się po nocach śnieg, dlaczego Klaudiusz publicznie zaraz po przedstawieniu nie wyznał zbrodni. Czyżby sztuka —

Razem z Szekspirem poszukujemy tej wielkiej siły zawartej w dziełach artystów, tej siły, która wyzwolona podnosi świat z upadku, ulepsza moralny porządek rzeczywistości. Szukamy sztuki, która by jak religia rzucała na kolana i podnosiła z kolan rozgrzeszonych. Ale ręce szukających pozostają puste. Hamlet jest artystą tragicznym, artystą, który odkrył, że sztuka jego nie zbawi świata.

Aktorzy i widzowie opuścili teatr w popłochu. W pustej sali wśród dogasających świateł i porzuconych kostiumów pozostał tylko reżyser i widz wtajemniczony: Hamlet i Horacy.

Nie dajmy się uwieść improwizowanym wierszykom i robionej wesołości obu przyjaciół, bowiem ten epilog przy zgaszonych światłach jest rozdzierająco smutny. Aktorzy zdjęli maski, ale widzowie pozostali w nich nadal.

Koniec pewnej nadziei, pewnego snu o aktorskich pantoflach z prowansalską różą.

Krew myśli

Prawdziwie obłąkana Ofelia i nieprawdziwie obłąkany Hamlet wyrażają wielostronny bunt poety przeciwko zwyczajności świata. Istnieje bowiem pewna normalność nie do przyjęcia, normalność podła, wygodna, uległa wobec rzeczywistości, łatwo zapominająca. Jest ona powszechna dlatego, że jakieś prawo ekonomii wewnętrznej nie pozwala nam przeżyć rzeczywistości do końca, do dna, do najgłębszych odczuć i znaczeń. Ten sam instynkt zachowawczy w dziedzinie intelektualnej chroni nas przed zbytnią dociekliwością, przed ostatecznym dlaczego i po co. Hamlet jest zaprzeczeniem tej postawy.

Domniemana jego praca o sylogizmie zmyślona została po to, aby wywołać konieczne do zrozumienia postaci przekonanie, że zanim zamknęły się za nim bramy Elsinoru, miał on jakiś światopogląd, oparty na wierze w racjonalny porządek w człowieku i poza człowiekiem. Miał także swój system wartości i drabinę może niezbyt wysoką, ale o szczeblach mocnych, na których śmiało można oprzeć stopy.

Obok pojęć obojętnych i łatwo dających się w ręku ugniatać były w systemie pojęcia nieprzyjemne i twarde, jak śmierć, zbrodnia, ale i z nich po pewnych zabiegach udało się zrobić cegiełki podpierające architekturę rozsądną i ładną. Człowiek był jednym z bytów wysoko postawionych i szczelnie wkomponowanych w budowę.

Gdyby nie tragiczne wypadki, które wyrwały księcia z nastroju studiów i kontemplacji, byłby on może do końca życia trochę stoikiem, trochę epikurejczykiem, trochę arystotelikiem. Nagła śmierć ojca wymykała się racjonalnym interpretacjom. Był to fakt, r z e c z, k t ó r a   j e s t, twardy przedmiot, kanciasty, nagi, bezsensowny. Cały kunsztowny system zachwiał się od tego doświadczenia.

Drugim doświadczeniem było odkrycie zbrodni. Do gorzkiej prawdy o znikomości człowieka doszła prawda o uśmiechniętych łotrach, o triumfujących zbrodniarzach. Niezbadana natura ludzka otworzyła się przed księciem jak otchłań.

Hamlet — i tu jest rys wielkości intelektualnej — odrzucił zachwalaną receptę filozofii i nie podreptał starą ścieżką do Natury kojącej obojętnością i trwaniem. Okrucieństwo i nicość człowieka zaraziły nawet przyrodę. Ziemia wydaje mu się skrawkiem ugoru, a pomysłowy baldachim nieba rezerwuarem zgniłych wyziewów.

Kartezjusz, zanim zaryzykował wątpienie o wszystkim, zanim począł burzyć do fundamentów, zbudował sobie wygodny domek tymczasowej moralności nie tylko po to, aby nie być chwiejnym w czynach, gdy rozum zmusza do chwiejności w sądach, ale aby żyć najszczęśliwiej, jak zdoła, w czasie tych intelektualnych burz. Książę duński nie szuka żadnego schronienia. Nurt jego wątpienia jest religijny, metafizyczny, moralny, a nie tylko metodologiczny.

Poznajemy Hamleta w fazie negatywnej, sceptycznej. Dla tej fazy nie są ważne sformułowania i tezy. Są sytuacje, w których człowieka powinno stać na to, aby nie mieć filozofii. Są doświadczenia, w obliczu których trzeba odrzucić systemy łagodnych perswazji i przekonywających pociesz. Wielkość Hamleta jako istoty myślącej tkwi w jego pasji wyburzenia, w nihilistycznym rozmachu, w żarliwości negacji, w goryczy sceptycyzmu.

Myślenie bywa pojmowane jako pewna luksusowa forma życia, wąziutki dymek refleksji snujący się od czubka głowy. W dole klę-

13

bią się instynkty, zmysły i wszystkie inne potępione ciemne siły. Myślenie przeciwstawia się życiu jako jedyna forma wyjaśnienia i usprawiedliwienia. U Hamleta myślenie nie przeciwstawia się życiu ani innym władzom wewnętrznym. Myśli on całym swoim życiem i całą swoją osobą. Palce dotykające czaszki Jorika są początkiem refleksji, w rozmowie z matką myśl płacze i krwawi.

To, co bywa interpretowane jako chwiejność, także w dziedzinie intelektualnej, jest w istocie hamletowską orientacją na konkret, taką formą myślenia, która jest bezpośrednią reakcją na rzeczywistość, odpowiedzią na sytuację. Dlatego monologi księcia, w których dramatyzacja myśli dochodzi do szczytu, są równie pasjonujące, jeśli nie ciekawsze niż akcja. Są tak subtelnie utkane z materii myśli, że słuchać ich można z zamkniętymi oczyma, i to z żalem, że są wypowiadane. Jeśli płytki ślad w świadomości, jaki powstaje przy recytowaniu wyuczonego wiersza albo czytaniu obcego tekstu, można nazwać „myślą myślaną", to myślenie, które przeoruje całego człowieka, które angażuje go w ten proces bez reszty, z całym poczuciem odpowiedzialności i ryzyka, aż do granic zakwestionowania samego siebie — to myślenie określić można za filozofem współczesnym jako „myśl myślącą", pełną i integralnie związaną z podmiotem. Ta bohaterska forma intelektualnego przeżywania rzeczywistości, mimo falowań, uniesień i upadków, nie ma nic wspólnego z nastrojowością, odróżnia się od niej głębią i prawdziwością.

Szaleństwo Hamleta jest zasłoną, za którą przygotowuje się on do decydującej rozprawy. Jest także walką: wyzwala siłę osaczonych — ironią, pozwala na wybuchy szczerości i prawdy niekrępowanej konwenansem. Ale podobnie jak bezsilna okazała się zemsta estetyczna, zawodzi także ten środek i tylko książę bardziej obnaża się. Nawet takie kapitalne cielę jak Poloniusz odkrywa metodę tego szaleństwa, a główny przeciwnik Klaudiusz ma pełną świadomość mistyfikacji. Ponury żart Hamleta z przechadzką do grobu, przypowieść o człowieku flecie i człowieku gąbce, ów pascalowski ustęp od słów „Jakim arcydziełem jest człowiek..." do „A jednak czym jest dla mnie ta kwintesencja prochu" — posiadają aż nadto głęboki sens. Że nie jest to pospolity zdrowy sens, ale obsesyjna zagęszczona forma myślenia, dzięki temu sceny szaleństwa na pokaz zbliżają się do monologów. Słynny monolog o metafizycznym ryzyku samobójstwa (być albo nie być), otamowany pojawieniem się Ofelii, przechodzi w wybuchowy dialog, który przy bijącej w oczy różnicy tonu, stopnia nasilenia okrucieństwa, ma przecież wspólną podstawę, wspólny materiał myśli i nawet konsekwentnie wyprowadzoną konkluzję.

Przez ogród (mordercy mówią, że są w nim żmije) idzie prawdziwie obłąkana Ofelia i nieprawdziwie obłąkany Hamlet. Książę patrzy uważnie i słucha jej słów w napięciu. Ofelia ma oczy zmienione, duże, pałające, przyspieszony oddech, nuci piosenkę, której przedtem nie odważyłaby się śpiewać. Widząc to wszystko, Hamlet myśli o filozofii mocnej i autentycznej jak szaleństwo.

Wielkość

„Dąb zasadzony w kosztowny wazon, który tylko wiotkie kwiaty mógł w swoje łono przyjmować, korzenie dębu napierają; naczynie rozpada się. Piękna, szlachetna, wysoce moralna istota nieposiadająca tej siły zewnętrznej, która tworzy bohaterów, ginie pod ciężarem, którego nie może unieść ani nie umie odrzucić".

Owym kosztownym wazonem ma być, zdaniem Goethego, Hamlet. Całe to bardzo nienaturalne porównanie dało początek interpretacji dość naturalnej i powszechnie na ogół przyjętej, według której książę „kręci się, wije, trwoży, kroczy naprzód i zaraz się cofa"[1]. Zastanawiając się nad źródłami tej interpretacji, dochodzimy do przekonania, że była to próba spojrzenia na bohatera z punktu widzenia całości dzieła, którego doskonałość z góry założono; po drugie, chodziło o Hamleta nie „jako takiego", ale rolę aktorską

---

[1] Pokrewną interpretację dał J.[ózef] M.[arian] Święcicki w artykuliku *„Hamlet" Szekspira i „Hamlet" Oliviera* („Tygodnik Powszechny" 1952 nr 16). Także w dyskusji z Ireną Pannenkową pokazano Hamleta w typie: h + m, tj. hamletyzowanie plus moralizatorstwo (przyp. Autora, od którego pochodzą wszystkie objaśnienia zamieszczone na odpowiednich stronach tekstu. Przypisy i komentarze wydawcy — patrz s. 185).

wyrażającą tę postać; wreszcie wkradł się w tę próbę wyjaśnienia ton tak osobisty, że od razu rzucił cień na bezinteresowność poznawczych intencji.

Goethe znajdował się pod wielkim urokiem szekspirowskiej tragedii, ale nie mógł nie zauważyć poważnych braków w strukturze dzieła, rozbudowania niepotrzebnych wątków, zacierającej się linii dramatycznej *etc.* Jakim sposobem dzieło wadliwie zbudowane może wywierać takie wrażenie? Czyżby osoba bohatera była aż tak fascynująca, że trudnym do zdefiniowania „urokiem" opłacała braki całości? Interpretator uwikłał się w fałszywą antynomię głównej postaci i artystycznej konstrukcji całości. Wydało mu się, że aby uratować konsekwentną budowę sztuki, a zatem wielkość Szekspira jako dramaturga, trzeba bohatera uczynić winnym znajdujących się w utworze defektów. To dlatego przerywają się wątki, akcja się łamie, że Hamlet waha się, nie decyduje na czyn, „hamletyzuje".

Drugi wzgląd skłaniający do tej interpretacji był już na wskroś praktyczny: dać w ręce aktorom klucz do tej roli, powiedzieć, jak trzeba g r a ć Hamleta. To praktyczne pytanie zastępuje trudniejsze i może bardziej teoretyczne, k i m b y ł Hamlet naprawdę. Ukazać mechanizm gestów melancholijnych, akcentów wahania, chwiejnych kroków i westchnień jest stosunkowo łatwo. Ale zasugerować to drugie człowiecze dno Hamleta, tak jak uczynił to Olivier, dać odczuć poza słowem i gestem postać wcale konsekwentną i męską to już jest głębokie zrozumienie i odczucie osobiste odtwórcy, a nie kostium, który można dowolnie przymierzać i odstępować innym. Prawda o Hamlecie niehamletyzującym jest prawdą niepraktyczną i trudną.

W końcu owo podejrzenie o interes osobisty wywodzi się z myśli, że Goethe kreował Hamleta na bohatera romantycznego, na bliskiego krewnego nieszczęsnego wielbiciela Lotty. Tymczasem porównanie z Werterem pozwala uchwycić Hamleta w perspektywie wielkości. Sentymentalny gest młodego histeryka zderza się z głębokim dramatem Hamleta, ukazuje niewspółmierność obu charakterów, obu formacji duchowych. Werterowi można współczuć, ale nie można czuć głębokiej solidarności, takiej, jaka nas wiąże z Hamletem. Romantyczny topielec łez i nieskończoności ani razu nie zdobywa się na wysoki ton hamletowskiego patosu.

Nawet jego przedśmiertny list do ukochanej jest w mniejszym stopniu posłaniem do ludzi niż monologi księcia. Czujemy dobrze, kto z nich obu pełniej i godniej reprezentuje człowieczeństwo. Myślę, że gdyby kiedykolwiek spotkali się w zaświatach, doszłoby między nimi do podobnie gwałtownej sceny, jak owa bójka nad grobem Ofelii Hamleta z Laertesem. Zresztą Werterem przesłaniał i rekompensował Goethe pewien nie całkiem ładny szczegół swego życia. Atmosfera moralna Hamleta, jego nastrój odpowiedzialności wskazuje na to, że Szekspir nie napisał go, aby się przed czymkolwiek usprawiedliwiać i stylizować. Często porównywano Orestesa z księciem duńskim. Porównanie ciekawe nie dla analogii, ale dla kontrastu. Orestes jest to Hamlet naiwny. Miecz, który godzi w ciało matki i jej kochanka, ma w sobie prostotę siły elementarnej. Dopiero po dokonanym dziele myśl i sumienie dopadają mściciela. Hamlet zamyka się i spełnia w swoim czynie bez reszty dlatego, że przebył długą drogę od chwili, gdy idąc na spotkanie z Duchem, uświadomił sobie, że los go woła, aż do słów „trzeba być gotowym", gdy zdecydował się na pojedynek. W klamrze tych dwóch zdań zamyka się jego w y b ó r i ś w i a d o m y l o s.

Decydując się na rolę mściciela, Hamlet dokonuje wielkiego wyboru. Wielki wybór jest zawsze wyborem abstrakcyjnym. Jego sens i prawdziwość spełnia się przez cały szereg konkretnych wyborów dokonywanych w każdej chwili. Męka hamletowskiej dialektyki „ja i wszechświat" sprawdza się nie tylko na dalekich gwiazdach, ale na każdym kamieniu, o jaki potykają się nogi szukających. Hamlet przeżywa to na wszystkich planach rzeczywistości w stosunku do wszystkich osób. Jego wybór musi być okrutny i jednoznaczny z odtrąceniem miłości, przyjaciół, Ofelii, matki. I książę coraz bardziej samotnieje (Horacy narysowany jest tak cienką linią, że w niczym nie mąci samotności), aż w końcu zostaje ze swoim losem sam na sam.

Los jest nieubłaganą obcą siłą, z którą ani paktować nie można, ani jej skruszyć. Bohaterowie tedy buntują się i walczą. Hamlet należy do tych sprawiedliwych, którzy nie wygrażają pięściami niebu, ale dorastają do losu. Kiedy się go już dotknie rozumem

17

i sercem, kiedy się go wewnętrznie zaakceptuje, przestaje on być gwałtem, a staje się siłą bohatera. W ostatniej scenie Hamlet jest silny i wybierając broń przed pojedynkiem, jest wyższy ponad wszystkie ślepe siły wszechświata.

Wielkość moralna daje znać o sobie szczególnym tonem, jakim odpowiada jej ten, kto się z nią zetknął. Kiedy światła pochodni padają na wyostrzony profil księcia leżącego na wznak, pochylamy się nad nim. Pochowany w pauzie huków armatnich i w naszym milczeniu ślubujemy Ci, książę, bezsenność, niepokój, żarliwość. Pochowany w małej przerwie ziemi i w najgłębszym miejscu pamięci ślubujemy Ci, książę, że kiedy przyjdzie czas próby, wybierzemy cięższy rapier i cięższą śmierć.

Holy Iona, czyli Kartka z podróży

Nie wiem dlaczego, ale od paru lat nawiedza mnie obraz wyspy. Wyspy nie należą do krajobrazu mego dzieciństwa. Urodziłem się w środkowej Europie, w połowie drogi między Morzem Bałtyckim a Czarnym. Pejzaż mojej młodości to podlwowskie okolice: jary i łagodne pagórki porośnięte sosną, na której najpiękniej kwitnie pierwszy sypki śnieg. Morze było tam czymś niewyobrażalnym, a wyspy miały posmak baśni.

Była późna jesień, kiedy zdecydowałem się w małym szkockim porcie Oban popłynąć na jedną z wysp Hebrydów. Cel podróży — Holy Iona. Przymiotnik figurujący przy nazwie oznacza „świętą", gdyż od tego skrawka ziemi we wczesnym średniowieczu rozpoczął św. Kolumban nawracanie Celtów. Według wiarogodnych świadectw wylądował na piaszczystej plaży w towarzystwie paru zakonnych braci. Była to jedna z najbardziej pokojowych misji religijnych, nie tak kolorowa od ognia i krwi jak wyprawy krzyżowe, ale za to bardziej duchowa. Podania mówią o długich nocnych rozmowach św. Kolumbana z celtyckimi druidami.

Tylko dzięki wyjątkowej życzliwości szkockich rybaków — jako że pora była późna i regularna żegluga statkiem od paru tygodni zawieszona — dotarłem na wyspę Mull. Pustym autobusem przeprawiłem się na drugi jej koniec, do małej osady rybackiej (jeśli osadą godzi się nazwać parę rozproszonych domków) położonej na wprost Holy Iona. Tutaj gospodyni, u której zamieszkałem, wydzwaniała w ciemną noc rybaków, którzy zechcieliby popłynąć ze mną.

Zimny, wilgotny, siwy ranek. Stoję w pobliżu *jetty*, która jest po prostu betonową ścieżką wchodzącą w morze. Ocean jest wzburzony, wysokie fale rozbijają się na skałach urwistego brzegu. Nagle z mgły wyłania się mała łódka rybacka płynąca w moim kierunku. Było to jak podanie ręki marzeniu.

Na Holy Iona jest klasztor i kościół — jeden z najpiękniejszych zespołów romańskich Północy. Osłonięty od zachodu okalającymi wzgórzami, ale mimo to napełniony słoną bryzą, przysadzisty, zbudowany z piaskowca o rudym odcieniu. Mury są grube, całość zabudowań uderzająca jednością stylu robi wrażenie fortecy zbudowanej przeciwko wiatrom. Wzrok musi przyzwyczaić się, aby w ciemnym wnętrzu kościoła rozpoznać pięknie rzeźbione kapitele i detale architektoniczne, które mają kolor bladego seledynu i zatarty rysunek, jakby wydobyto je z dna morza. W środku zabudowań klasztornych — *chiostro*. *Chiostro* włoskie jest zawsze rajem zamkniętym w architekturę arkad, rajem z fontanną, pełnym kolorowych kwiatów i krzewów. Tutaj tylko soczysta trawa, a w środku bardzo nowoczesna, ale nieburząca nastroju rzeźba przedstawiająca Madonnę. Na rzeźbie napis, żeby było dziwniej, po francusku.

Ów napis brzmi: „Leo Lipschitz — Żyd wierny wyznaniu swoich przodków — wyrzeźbił tę Madonnę, aby ludzie porozumieli się między sobą i aby duch zapanował na ziemi".

Wtedy uświadomiłem sobie, że podróżuję po Europie po to, aby z długich i dramatycznych dziejów ludzkich wydobyć ślady, znaki utraconej wspólnoty. Dlatego romańska kolumna z Tyńca koło Krakowa, tympanon z kościoła św. Petroneli koło Wiednia i płaskorzeźby w katedrze św. Trofima w Arles były dla mnie zawsze nie tylko źródłem przeżyć estetycznych, ale uświadomieniem sobie, że istnieje ojczyzna szersza niż ojczyzna swojego kraju. I wdzięczny jestem żydowskiemu artyście, że mając pod ręką tyle słów nienawiści, zdobył się na słowa pojednania. I zdaje mi się, że ta mała kartka z podróży jest kartką z morałem.

Do portu, gdzie czekał na mnie cierpliwy rybak, idzie się przez cmentarz. W rudej trawie leżą płyty grobowe panów szkockich. Przez butwiejące liście i słoną wodę płyną do swej dalekiej wieczności rycerze zakuci w skorupę zbroi. Ich rysy są nie do odczytania. Płaskie, podobne do siebie twarze owadów. Wróciłem na wyspę Mull. Po kolacji gospodyni prosiła mnie, abym postawił małą lampkę w oknie wychodzącym na Holy Iona. Taki jest zwyczaj. Nocą światła obu wysp rozmawiają ze sobą.

Nie wiadomo, co przyniesie przyszłość i jak długo trwać będzie rozdarcie świata. Ale dopóki w jedną bodaj noc roku światła tej ziemi będą się pozdrawiały, niecała chyba nadzieja jest pogrzebana.

Diariusz grecki

Muzeum na Akropolu. Uśmiech greckich kor, wobec którego gasną wszystkie tajemnice Giocondy.

Z Tezejonem ma się sprawa tak: jeśli za moduł przyjąć pół szerokości kolumny, to ateński Tczejon ma sześciokolumnową fasadę o dwudziestu siedmiu modułach: sześć kolumn obejmuje dwanaście modułów, trzy środkowe interkolumnia są po 3,2 modułu, dwa boczne po 2,7 — razem 27. Stosunek kolumny do środkowego interkolumnium jest jak 2:3,2, czyli 5:8. Tryglif ma szerokość jednego modułu, a metopa 1,6. Stosunek jest więc znów 5:8. Przypominam sobie, że w symbolice pitagorejskiej 5 oznaczało własności ciał fizycznych, a 8 miłość.

Paczka papierosów — 10 drachm, śniadanie — 8, pocztówki i znaczki — około 15, wstęp do muzeum — 10, kolacja —13, wino — 5, owoce — 3, brak 10 drachm.

Zmęczony całodzienną wędrówką w słońcu — był to maraton: Muzeum Archeologiczne, Olimpejon, Akropol, Keramejkos — nie mogę zasnąć w moim pokoju na najwyższym piętrze hotelu Amarylis. Wychodzę na balkon posłuchać nocy. Jednostajny chór samochodów i na tym tle dwa głosy solistów. Męski groźny bas i piskliwy lament kobiety. Duet jest pełen pasji i słucham go jak opery w obcym języku. Wreszcie dźwięk tłuczonego szkła i cisza. Kawałek życia, którego nigdy nie dotknę. Turysta jest zawsze wygnańcem. Co mu pozostało? Akropole, grobowce.

Pracuję jak dobry rzemieślnik ze szkoły naturalistów. Zaczerniam papier notatkami, robię dziesiątki rysunków, zapisuję ceny, nazwy restauracji i nazwy potraw. Zbieram bilety wstępu, bilety trolejbusowe i prospekty. Jeśli tak dalej pójdzie, będę grzebał w śmietniku.

Pasja szczegółu. Szalony pomysł nachodzi mnie w małym kafejonie (stoły nakryte niebieską wilgotną ceratą). Tuż koło placu Omonia po wypiciu ćwiartki wina: opisać ulicę Veranzerou, która nie odznacza się niczym szczególnym, ot, zwykła sobie jedna z ateńskich ulic, ważna jednak właśnie z powodu swojej pospolitości. Jeśli będę wiedział o niej wszystko, będę wiedział coś niecoś o Atenach. Zacząłem od rogu, cierpliwie notując okna, wygląd fasad, szyldy, sklepy i to, co na wystawach, zapachy, kamienica po kamienicy, brama po bramie. Zatrzymałem się przy dziesiątym obiekcie z pustą głową, suchym gardłem, z garścią słów bez związku, z nicią Ariadny, która prowadzi donikąd.

Mój trzeci dzień w Atenach zaczął się źle. Wstałem późno, wsiadłem do nieodpowiedniego trolejbusu. Wylądowałem wreszcie na Akropolu, spocząłem na stopniach Partenonu, polazłem spojrzeniem po znanych mi budowlach — i nic. Żadnego zachwytu, żadnego olśnienia ani nawet tej prostej satysfakcji, którą ma kupiec z Hamburga czy sekretarka z Buffalo — jestem tutaj. Jestem tutaj, ale mógłbym być równie dobrze gdzie indziej, w nic nieznaczącym miejscu. Zrezygnowany wlokę się do muzeum do moich kor i znów nic. Nie jest to sprawa oczu, one działają sprawnie. Widzę, ale nie czuję. Właściwie powinienem być zrozpaczony, ale mój paraliż wrażliwości dobrotliwie zaatakował centra rozpaczy. Po południu odwiedzam Muzeum Narodowe i krążę po salach sztuki przedklasycznej, gdzie jeszcze wczoraj... Dzisiaj rzeźby zamknięte są dla mnie w czarnych skrzyniach. Co stało się ze wspaniałomyślnym promieniowaniem arcydzieł? Wracam ulicą Venizelou — ateńskie Champs Elysées. Neony, taksówki, wszystko płaskie i beznadziejnie pospolite. Wracam do hotelu, to znaczy z niemożności w banalność. Na rogu czyściciel butów, który nazywa się tutaj *loustro*. Podszedłem do niego z litości, ale ponieważ zapłaciłem podwójną cenę, dlatego spojrzał na mnie z nienawiścią, jaka należy się bogatym turystom w ubogim kraju. Dzień trzeci w Atenach — dzień pod znakiem Saturna.

Nocą krążę po dzielnicy dawnych tureckich bazarów, ulicami Ifestou i Pandhrossou, i gapię się na wystawy sklepów ze starzyzną, oświetlonych blaskiem latarni. Wspaniały *bric-à-brac* przedmiotów nie dość starych, aby spocząć w muzeum. Cynowe i miedziane naczynia, muszle, sztylety, drzwiczki od pieca, naiwne obrazki z czasów wojny tureckiej, naftowe lampy, łańcuchy, lichtarze, karty do gry, fałszywe perły, wachlarze. I nagle wśród tego zgiełku dostrzegam figurę Matki Boskiej ubranej, jak tego nigdy nie widziałem, na czarno, z woskową twarzą bez słodyczy, tragiczną i niemą. Chłopska Madonna ukrzyżowana wśród bibelotów.

Kolumny Partenonu mają wysokość 10,43. Nie bardzo wiem, gdzie znalazłem tę informację, ale chyba w jakiejś niemieckiej historii sztuki. Cyfra 3 na końcu napełnia wszakże zaufaniem. Nie wiadomo jednak, jak mierzono kolumny, czy w linii powietrznej od nasady do abakusa. Gapię się na Partenon. Jest większy niż geometrzy.

W epoce Peryklesa hektar ziemi dawał od 10 do 12 hektolitrów zboża raz na dwa lata. Bardzo lubię tego rodzaju informacje, uważam, naiwnie zapewne, że zbliżają mnie one do odległej rzeczywistości.

Ateny (Pireus)

Spotkaliśmy się późnym wieczorem w dobrej portowej dzielnicy Pireusu, Akte. Nie mogę uwierzyć, aby czekała na rogu ulicy na mnie i tylko na mnie, jak to stara się zasugerować.

Jest młoda i bardzo ładna. Wielkie czarne oczy jak na malowidłach z Fajum. Pochodzi istotnie z Egiptu, ściśle, z Aleksandrii, więc mówi trzema językami, mieszając je starannie i z wdziękiem. *„If you have un peu de l'argent, nous pouvons eine café zusammen trinken"*. Opowiada, że ojciec jej był szalenie bogatym kupcem (tutaj długa lista dóbr i majątków), dopóki źli Egipcjanie nie zabrali im wszystkiego. Grecy aleksandryjscy, podobnie jak wysiedleńcy z czasów ostatniej wojny, chętnie wspominają swoją wspaniałą, acz nie zawsze prawdziwą przeszłość.

Jedyną rzeczą, która mnie w niej drażni, to jej imię — Vivien. Powinna nazywać się Helena, Dafne, Chloe. Ale Vivien? Na wizytówce, którą mi dała, jest tylko to imię i numer telefonu. *Nom de guerre — quoi?*

W czasie następnego spotkania tajemniczym szeptem Vivien oznajmia, że pokaże mi rzecz, której nie widział żaden turysta. Lekkomyślnie godzę się, ale już w roztrzęsionym autobusie, który jedzie z Aten do pobliskiego Kolonos, opadają mnie najgorsze przeczucia.

Lądujemy w Kolonos na placu Melethios i Vivien pokazuje mi piętrowy dom (raczej coś, co było kiedyś domem) z wybitymi oknami, do którego przylgnęły stragany handlarzy. Moja przewodniczka objaśnia, że jest to *maison de campagne* rodziny Engastromenos i że tu urodziła się Zofia, późniejsza żona Schliemanna.

Zdaniem Vivien Zofia była prawdziwą odkrywczynią Troi i Myken. O czym złośliwie milczą źródła. Schliemann, owszem, dawał na wszystko pieniądze, ale duszą i mózgiem wypraw archeologicznych była jego żona.

Patrzę na Vivien różową ze wzruszenia i na brzydką ścianę domu, z którego sypie się tynk.

[Cztery następujące akapity zakreślone długopisem z adnotacją na marginesie ręką Herberta: „na koniec":]

Przedostatni dzień w Atenach. Udaje mi się zdobyć dwa bilety na przedstawienie *Edypa w Kolonie* Sofoklesa, które dają w teatrze Herodesa Attykusa. Dzwonię do Vivien. Godzi się z radością pójść do teatru. Proponuję, że przywiozę ją z Pireusu, ale ona oburzonym głosem, wbrew wszelkiej oczywistości mówi, że nie mieszka w Pireusie, lecz w Atenach, więc nie potrzeba, żebym się fatygował. Pireus jest obskurną dziurą. Ona zawsze mieszkała i będzie mieszkać w stolicy.

Teatr. Vivien jest rozczarowana, że nie siedzimy w pierwszych rzędach wśród fraków dyplomatów, armatorów i bogatych kupców. Kiedy na scenę wkracza Edyp wsparty na ramieniu Antygony, teatr huczy od oklasków. Ale to przedstawienie nie bardzo mnie porywa. Muzyka, której tu więcej niż w jakiejkolwiek tragedii Sofoklesa, jest krzykliwa i pseudonowoczesna. Aktorzy zdzierają sobie gardła i nadużywają gestów. Chór mało dostojny, jakby składał się z tragarzy portowych. I do tego stylizowane dekoracje. Biały kamień najstosowniejszy byłby w tej tragedii uciszającego się buntu i śmierci.

Teraz przychodzi wspaniała scena z Polinejkesem, gdy milczący zrazu Edyp wybucha biblijną tyradą pełną gniewu i złorzeczeń. Kątem oka widzę, jak Vivien płacze i od tego momentu przedstawienie zaczyna mi się naprawdę podobać.

Stella nagrobna pochodząca z połowy V wieku zniszczona przez deszcz i wiatry. Inskrypcja zachowała się lepiej niż płaskorzeźba: „Trzymam na łonie ukochane dziecko mojej córki, tak jak wówczas za dawnych dni, kiedy rozmiłowanymi oczami patrzyliśmy w słońce. Teraz dziecko nie żyje i ja, Amfarate, która tuliłam je do piersi, też jestem martwa".

[Nadpisane ręką Herberta:] **Pireus**

Tak więc siedzę w Pireusie, czekając na statek, i nie mam nic innego do roboty, jak tylko przyglądanie się twarzom. Nie są to twarze znane z waz antycznych ani ciała — jak się domyślam — podobne do posągów Praksytelesa. Domieszka elementów słowiańskich i tureckich jest uderzająca i zamazała zupełnie urodę helleńską, jaką podróżni spodziewają się tu spotkać.

Czyżby miał rację Herr Doktor Fallmerayer, który twierdził, że najazdy słowiańskie na Grecję, począwszy od VII wieku po Chr., zupełnie zmieniły skład etniczny jej mieszkańców?

Przypomina mi się, jak to Shelleya w okresie pisania poematu *Hellas* zaprosił jego ironiczny przyjaciel Trelawny, aby poznał prawdziwych Greków. Trelawny wybrał się z poetą do Livorno

25

i zwiedził statek grecki wypełniony „tłumem podobnym do Cyganów, który wrzeszczał, gestykulował, palił, jadł i grał jak barbarzyńcy". I w dodatku kapitan tego statku porzucił ojczyznę, ponieważ uważał, że wojna o niepodległość nie sprzyja jego interesom.

Myślę, że z anegdoty tej wyciągnąć należy jeden wniosek: narody mają ważniejsze, bardziej elementarne sprawy niż troskę o to, aby być podobne do ideału stworzonego przez romantycznych humanistów.

Bez miejsca i daty

Kiedy czytam to teraz, przypomina mi się amfora ateńska z okresu geometrycznego. Nie pamiętam, gdzie ją widziałem. Obraz dwu koni ciągnących wielki wóz tkwi w moich oczach tak wyraziście, że nigdy się z nim nie rozstałem. Koni malowanych naiwnie, po dziecinnemu, zgodnie z anatomią malarską, a nie z anatomią końską, malowanych nagle, jednym gestem, tak jak się stwarza świat, albo tak jak się widzi świat w momencie katastrofy. Źródła mówią, że najlepsi malarze Apelles, Aetion, Melantios, Nikomachos malowali czterema kolorami: bielą melijską, ochrą attycką, czerwienią z Synopy pontyjskiej i czernią atramentową.

Przypominam sobie pewnego malarza paryskiego, który zaprosił mnie do siebie, aby pokazać mi, jak się maluje obraz. Spektakl był na poziomie cyrku Sarrassini. Malarz miotał się, strzelał z pistoletu kolory, ciął elektryczną piłą płótno. Spektakl, jak powiedziałem, był imponujący.

Wszystko, co lepsze w dziedzinie sztuki, przypada na czasy, kiedy warunki materialne były liche. Jest to zdanie z Pliniusza i klucz do zrozumienia sztuki greckiej.

Trzeba tedy pogodzić się z myślą dla mnie raczej radosną niż zasmucającą, że bogowie greccy nie są wcale tacy greccy jak wydawało się naszym dziadkom. Nie są po prostu czyści rasowo. Zeus, Hermes, Demeter pochodzą z Krety. Apollo i Artemida z Azji Mniejszej. Afrodyta ma rysy semickie i wywodzi się bezpośrednio z babilońskiej Isztar i fenickiej Astarte. Jeszcze jeden kamyk do ogrodu zwolenników czystych kultur. [Na marginesie ostatniej linijki adnotacja ręką Herberta: „rozszerzyć"].

Sunion

Sunion jest jak marmurowy balkon z widokiem na morze. Porównanie oczywiście skandalicznie mieszczańskie. Jak pachnie marmur? Od wielu dni prześladuje mnie myśl, żeby powąchać marmur. Wiem, jak pachnie piaskowiec (obwąchałem wiele gotyckich katedr), ale marmur? Wypolerowany jest jak lustro, a lustro jest, jak wiadomo, bez zapachu. Jestem pewny, że marmur odarty ze skóry, marmur uszkodzony, musi mieć jakiś zapach. Czatowałem długo i wreszcie tutaj, w Sunion, udało mi się wetknąć nos w kolumnę. Wciągnąłem głęboko powietrze — i nic. Widocznie (usprawiedliwiałem marmur i samego siebie) musi to być zapach arystokratyczny, niezwykle nikły, tak blady, że niedający się zauważyć. Przyjadę tu kiedyś w porze deszczu, kiedy kamienie się pocą, i wtedy odkryję zapach marmuru.

Korynt

Wyczytuję w przewodniku, że miasto zostało zburzone przez Rzymian w roku 146 przed Chr. Mummiusz dobrze wykonał swoją robotę. Od razu poczułem się nieswojo, gdy tylko wkroczyłem do miasta. Przywołałem jednak mdlejącego ducha do porządku. Trzeba odegnać to pierwsze wrażenie wobec ruin tak kompletnych, że nie budzą ani grozy, ani nawet współczucia. Zagłębimy się w nieocenionego Pauzaniasza — pocieszałem się — i wyprowadzimy miasto z pyłu nieistnienia, kamień po kamieniu.

Siedem doryckich kolumn zburzonej świątyni Apolla. Uczepiłem się ich wzrokiem — aby nie dać się przygwoździć do równiny — przywarłem do tych kamieni stojących jeszcze pionowo, w po-

27

zycji ludzkiej, dumnej, wertykalnej. Ale jest to lira niema. Nie idzie od niej żaden dźwięk, żadne echo.

Ile razy napotykam budowle rzymskie w sąsiedztwie zabytków greckich, mam wrażenie najazdu, gwałtownego starcia dwu różnych cywilizacji. Estetyczny zgrzyt jest jeszcze mocniejszy niż widok balkonowych ołtarzy w środku gotyckiej katedry. Rzymianie odbudowali Fontannę Pireny. Fasada o sześciu arkadach, ciężka dekoracja z marmuru. Wydaje mi się, że słyszę jeszcze głos wody. Ale jest to głos przemieszany z popiołem.

Włóczę się po Agorze korynckiej, która niegdyś tętniła życiem. Ani śladu posągów, które opisuje Pauzaniasz. Nie ma ani siedzącego Hermesa z baranem na kolanach, ani Palemona na delfinie, ani Posejdona, ani Afrodyty. Nie jest to brak symboli, brak znaków, ale nieobecność absolutna.

Kupiecki Korynt nie jest miejscem nawiedzonym. I na nic moje wysiłki, moja próba rezurekcji. Nie ma tutaj nawet tego, co Grecy nazywali *thambos* — święty dreszcz, który nawiedza człowieka w miejscach, gdzie naprawdę mieszkali bogowie. W Koryncie nikt nie został uzdrowiony, nikt nie uniósł się nad ziemię.

Brak blasku, płaskość, matowość, piasek, ruda trawa.

Ulicą Lechajon, wykładaną dobrymi rzymskimi płytami, uciekałem z Koryntu jak szczur.

Bez miejsca i daty

Jest rzeczą zdumiewającą, że Grecy, znakomici przecież architekci, nie podejmowali zakrojonych na wielką skalę robót utylitarnych. Herodot pisze ze zgorszeniem, jakby to była zbrodnia świętokradztwa, o planie Kserksesa przebicia kanału w pobliżu góry Athos. Człowiek nie może bezkarnie zakłócać porządku natury ustalonego przez bogów. Żeby uniknąć podróży wokół Peloponezu, zbudowano w okolicy Koryntu *diolkos* — drogę wykładaną kamieniami, po której transportowano statki — system raczej powolny i uciążliwy. Obawa przed *hybris* przesunęła się ze sfery moralnej w sferę techniczną. Zupełnie inaczej niż w starożytnym Egipcie i Rzymie.

Delfy

Trzy świątynie Apollona w Delfach. Pierwsza z gałęzi laurowego drzewa. Druga z pszczelego wosku i piór. Trzecia z brązu. Tak mówi mit. Poetycka wspaniałość tych architektonicznych metamorfoz.

Tutaj gnił potwór pod mocnym ogniem słońca.

Widok Delf widzianych z doliny Pleistos przyprawia o zawrót głowy i mam podobne uczucie jak w Volterze, tylko znacznie intensywniejsze, uczucie balansowania nad przepaścią, katastrofy wiszącej w powietrzu. Za chwilę — myślę — z gwałtownego zbocza oderwą się kolumny, teatr, ocalałe skarbce i runą w dół marmurową lawiną.

Ptaki, tysiące ptaków. Nigdzie w Grecji nie widziałem tylu ptaków. Czepiają się kolumn, wchodzą w otwory między kamieniami, skaczą po kamiennych posadzkach. Duszyczki pielgrzymów.

Myślę, że z Pauzaniaszem w kieszeni trafiłbym tam. W każdym razie jest to droga z Distomo do Delf. Miejsce nazywa się Rozwidlenie, po grecku: *Triodes*, dosłownie: Trzy drogi. Było ich w istocie cztery, ale jadący widział trzy. Tam zabił Edyp swego ojca.

Nie mogę znaleźć Źródła Kastalskiego.

W muzeum w Delfach słynny woźnica, rzeźba z brązu znana z tysiąca reprodukcji. Obchodzę ostrożnie niewątpliwe arcydzieło, jednorękie, ale poza tym zachowane znakomicie. Dzieło Kritiosa, przedstawiciela ateńskiego stylu surowego. Oczy. Niepokoją mnie te oczy tępo wpatrzone w przestrzeń. Ta kolumna w kunsztownie rzeźbionej draperii pozostawia mnie zimnym. Nie bardzo mogę zrozumieć tę kombinację symetrii z naturalizmem. Jest to, jak staram się to usprawiedliwić, sprawa materiału. Żadnego miejsca dla wyobraźni. Stopy wszelako znakomite. W czasie jazdy na rydwanie nie leżą płasko na ziemi, ale szukają równowagi. To nie my patrzymy na dzieła sztuki, ale dzieła sztuki patrzą na nas. Woźnica Kritiosa patrzył na mnie chłodno, bez aprobaty, i znalazł mnie po prostu nieinteresującym.

Marmaria. Należy zawsze zaczynać od Marmarii. Świątynia Apollona, skarbiec ateński i inne skarbce, stadion, muzeum. Zajmuje mi to mniej więcej cztery godziny.

Oliwka, pod którą leżę, ogromny pień, twardy jak skamieniała lawa, z którego wyrastają trzy konary. Drzewo jest nieopisanie dramatyczne. Wypisane są na nim wszystkie nawałnice, posucha i głód.

Kleobis i Biton. Nareszcie widzę twarzą w twarz. Tych, z którymi związana jest jedna z najpiękniejszych legend greckich. Opowiada o niej Herodot. Obaj bracia, znani w Argos atleci, przewieźli, kiedy zabrakło jucznych zwierząt, posąg bogini do Herajon. Ich wyczyn wzbudził powszechny entuzjazm. Matka prosiła boginię, aby dała synom to, co ma najlepsze dla ludzi. Po modlitwach, ofiarach i uczcie Kleobis i Biton zasnęli w świątyni i nie obudzili się więcej. Szerokie twarze o ogromnych oczach, włosy w warkoczach spadają na kark. Lewa noga wysunięta do przodu. Na ustach jest nikły uśmiech — jasność, pogoda i czystość towarzyszące tej wyprawie po śmierć. Ich piersi, kolana i uda mówią tyle samo, co oczy. Jest to jedna z tajemnic rzeźby archaicznej, że model nie był dzielony na części ważne i mniej ważne, na fragmenty mówiące coś i obojętne, ale energia promieniowała z całości.

Na kolację karafka wina z Samos i faszerowane pomidory w towarzystwie dwu leciwych Amerykanek, które przyszły do tej ta-

Diariusz grecki

niej restauracji pachnącej oliwą i czosnkiem z potrzeby ludzkich kontaktów. Okazuje się, że nie widziałem rzeczy najważniejszej — grobu Ewy Palmer, a co gorsza, nie wiem, kim była ta istota. Więc obie panie, spierając się o szczegóły, starają się mnie oświecić. Ewa urodziła się w Nowym Jorku jako córka milionera, ale już we wczesnej młodości poczuła zew Hellady i przyjechała do Grecji, aby budzić świetną przeszłość. Jej epokową zasługą miało być wystawienie w teatrze w Delfach *Prometeusza w okowach*. Muzykę grecką rekonstruowała z muzyki bizantyńskiej (co wydaje się podejrzane), a choreografię opracowała na podstawie studium figur na wazach ateńskich.

Być może była to osoba o zaraźliwym entuzjazmie, ale nie bardzo mi się podoba to przebieranie się za Greków fałszywe i sentymentalne. Peplos, sandały, chór Sofoklesa złożony z przyszłych nauczycieli greki. Najważniejszego jednak nie da się odtworzyć: nie da się odtworzyć tamtej autentycznej, a nie literackiej grozy.

Mur poligonalny otaczający portyk Ateńczyków jest arcydziełem sztuki abstrakcyjnej (awangarda zawsze była niewykształcona), a także powtórzenie murów cyklopowych, to znaczy doprowadzenie ich do formy czystej.

Na owoce, kawę, kolację, nocleg, wino wydałem drachm 45. Na książki, przybory do pisania, przewodniki i widokówki — czterdzieści kilka. Zachowuję więc pewną równowagę między potrzebami ciała i ducha.

Z teatru w samo południe oglądałem spektakl światła i cienia. W Grecji podziały są gwałtowne, dychotomiczne, bez ćwierć- i półtonów, które krajobrazom północy dają łagodne rozmarzenie i nieokreśloność. Na lewo nawieszone groźnie skały Fedriadów, wąwóz kastalski — domena ciemnych mas i bogów chtonicznych. Na prawo dolina Pleistos mieniąca się jasnosrebrnym kolorem oliwek i morze zlewające się z niebem. Królestwo Apolla, który zawitał tutaj w postaci delfina.

Krzyk osła.

31

[Tu kończy się strona ręcznie numerowana jako 16, maszynowo jako 4; s. 17. brak i następuje strona 18., z maszynowym numerem 2. Ze spisu „incipitów" wynika, że brak rozwinięcia akapitu *Krzyk osła...* oraz początku rozdziału: *KRETA*: akapit *Wczesnym rankiem...* Przytaczamy go z rękopisu, kartka 8., brak nadtytułu:]

[Kreta]

Wczesnym rankiem wchodzę na pokład górny naszego statku. Na deskach poplamionych dziegciem nieruchome ciała młodzieńców i dziewcząt, jakby jakaś uczta weselna skończyła się rzezią. Jestem tu niejako sam pośród sennych oddechów. Chcę zobaczyć, jak Kreta wyłania się z morza.

Na niebie wysoko nad horyzontem zamglonym i niewidocznym coś niewyraźnego, zmącenie błękitu, skaza nieokreślonego szarego koloru, która nabiera kształtu i widzę wyraźnie, widzę na pewno wierzchołek góry zawieszony na wysokościach jak w krajobrazach japońskich. Jest niewypowiedzianie piękny ten kawałek dalekiej skały unoszącej się w powietrzu (uskrzydlony poranną mgłą) za sprawą fantazji mgły.

Patrzę, jak góra rozrasta się, schodzi bardzo wolno po stopniach szarości, aż przed oczami staje łańcuch górski, który osiada na morzu, nareszcie pewnie wypełniając horyzont, i jest wyspa.

[Przytoczony powyżej fragment został przekreślony w rękopisie ołówkiem, jak wszystkie przepisane. Na tej samej kartce noszącej odręczną cyfrę 8 następują dwa oddzielone i nieprzekreślone (nieprzepisane do tekstu „definitywnego"?) akapity:]

Tak zaczęła się dla mnie Kreta. Od nieba. Jak bóstwo.

Idę małą uliczką i widzę siebie z dużego oddalenia, jak idę małą uliczką wiodącą z portu do miasta.

[Dalej tekst z maszynopisu; poprawki i zmiany ręką Herberta sporadyczne:]

Minęło trochę czasu, zanim znalazłem pokój z żelaznym łóżkiem i ślubną fotografią gospodarzy, którzy są tak wylewnie gościnni, że nie zdążę pojechać dzisiaj do Knossos. Pędzę do muzeum. Do zamknięcia półtorej godziny. Przechodzę przez sale w tempie organizowanych wycieczek. Notuję numery witryn i gablot, do których wrócę. Pierwsze wrażenie: ogromna różnica między wspaniałą ceramiką i drobnymi dziełami sztuki (posążki z terakoty i fajansu, pieczęcie, biżuterie) a freskami, które budzą mój zdecydowany opór i rozczarowanie.

Nazwałem ją ulicą mięsa i owoców. Jednopiętrowe drewniane domy ze sklepami, które nie mają ani drzwi, ani okien i są otwarte jak scena. Nad ulicą, na sznurze nagie żarówki. Fryzjerzy, rzeźnicy, piekarze (chleb jest bardzo biały o słodkim smaku, skórka posypana ziarnkami siemienia), mydlarze, warzywnicy, a także małe restauracyjki. Hałas. Zapachy. Bukiety zapachów. Bukiety czosnku, oliwy i krwi. Siedzę nad *ouzo* (do tego owczy ser, papryka, czarne oliwki, suche wędzone rybki) i gapię się na spektakl. Z fryzjerni naprzeciw wybiegł mężczyzna z namydloną twarzą, chwycił chłopca bawiącego się na ulicy i teraz siedzi przed lustrem z chłopcem na kolanach. Tuż koło mnie przykucnęła stara kobieta w czarnym szalu na głowie. Przy niej koszyk suszonych ziół, na wyciągniętej czarnej ręce garść ziaren. Rzeźnik z naprzeciwka ćwiartuje cielaka. Wyjmuje z wnętrza wątrobę i płasko rzuca na drewniany pień. Do mego stołu przysiada się wysoki mężczyzna ze strzelbą. Strzelbę opiera o blat stołu, zdejmuje z ramienia zabitego zająca i kładzie mi tuż przy ręce. Jeszcze jedno *ouzo*, żeby poczuć ciepłą, szorstką skórę życia.

Chociaż godzina jeszcze wczesna, pałac Minosa w Knossos szturmują falangi turystów. Znajduję lukę między wycieczkami, żeby zagłębić się w labirynt tak jak trzeba, to znaczy samotnie.

Plany pałacu umieszczone w podręcznikach historii sztuki przypominają skomplikowany schemat komputera. W istocie ten zespół budowli związanych ze sobą jak plaster miodu posiada nieodpartą logikę cmentarza i po krótkim czasie zaczynam się nieźle orientować. Całość ma plan, jeśli nie prosty, to zrozumiały: wokół głównego dziedzińca zgrupowane są sale reprezentacyjne i prywatne apartamenty władców, dalej, bliżej zewnętrznej strony, magazyny, warsztaty i składy żywności. W rzeczywistości nie pałac, lecz miasto prawie.

Pierwsze wrażenie: jasność tej architektury, lekkiej i rozkwitającej, pełnej wdzięku. Zupełnie inaczej, niż można sobie wyobrażać na podstawie legend o labiryncie.

Evans popsuł wszystko, co można popsuć. Dorobił kolumny z drzewa i pomalował je na kolor ciemnej krwi. Upstrzył ściany freskami i malowanymi reliefami, „ozdobił" fragmenty budowli stylizowanymi rogami byka z kamienia. Trzeba dużego wysiłku wyobraźni, aby oddzielić autentyczną architekturę minojską od fantazji angielskiego uczonego. Za tysiąc lat będzie to może ciekawy egzemplarz, mówiący o tym, jak ludzie z gustem wiktoriańskim wyobrażali sobie sztukę kreteńską.

Tuż koło portyku północno-wschodniego niewielka salka zwana salą oczyszczenia. Jedyne pomieszczenie sakralne w obrębie pałacu. Czy znaczy to, że Kreteńczycy czcili swoich bogów na szczytach gór, w gajach i grotach?

Pałac w Knossos bez murów obronnych, bez bastionów. Pogodny i lekkomyślny.

Jakiś strzęp wiersza snuje mi się po głowie. O tym, jak to Minos gra z Wielkim Kapłanem w szachy w momencie, kiedy na wybrzeżu lądują barbarzyńcy.

Evans postąpiłby słuszniej, gdyby poszedł śladem edytorów dzieł antycznych, które zachowały się tylko w ułomkach. Brakujące miejsce wypełnia się kropkami tak, jak to uczynili w oksfordzkim wydaniu Safony Edgar Lobel i Denys Page. Ruina wiersza świeci mimo to przekonującym blaskiem:

....
..........szlachetne.............
przypomnijcie gdy będziecie stare
.................naszą młodość

................byłyśmy
...............przecież piękne...
.............licznie.........
.................teraz gdy odjeżdżacie

Evans wypełnił brakujące miejsca słowami, mnóstwem słów od siebie. Ciężkim komentarzem, który stratował wizję.

Szczytem złego smaku konserwatorów jest tak zwana sala tronowa. Pod ścianą stoi brzydkie alabastrowe krzesło, które mogłoby być ozdobą wiktoriańskich salonów, a tutaj nazywa się tronem Minosa. Cała nadzieja, że turyści, którzy siadają na nim prawie bez wyjątku, rozłupią je wreszcie na kawałki. Na ścianie freski, banalna linia, kolor bez głębi i surowy. Wśród manierycznych kwiatów dwa gryfy, które podnoszą głowy i zanoszą się złośliwym śmiechem źle malowanych zwierząt.

Konstrukcje Kreteńczyków były lekkie. A jako materiału używano tłuczonego kamienia, zaprawą były pewne gatunki ziemi. To wszystko pokrywała warstwa tynku. Evans uzupełnił brakujące części brutalnym betonem, co wywołuje jeszcze jeden estetyczny zgrzyt.

Teraz błądzę po pałacu bez planu, przez sale, portyki, dziedzińce, studnie światła, tarasy. Od wschodnich magazynów do zachodnich propylei, od sali gwardii przez skład ogromnych *pithoi*, do apartamentów królowej. Jest to mój sposób na to, aby poruszyć architekturę, aby zaczęła drgać, aby zaczęła krążyć. I pałac w Knossos zaczyna krążyć, prawie tańczyć. Jest bogaty w zaskakujące perspektywy i prześwity. Jest to architektura nie wielkich pompatycznych mas, ale linii. I bardzo teatralna.

Podsłuchuję przewodników. Zachwalają głównie instalacje hydrauliczne Knossos, jakby pałac wystawiony był na licytację. Owe instalacje są w istocie imponujące. Rury ściekowe, łazienki i wanny wzbudzają większy podziw wśród turystów niż kolumny i freski. Wersal budowany trzy i pół tysiąca lat później nie mógł poszczycić się podobnymi subtelnościami sanitarnymi.

Irytuje mnie beztroska swoboda, z jaką przewodniki opatrują miejsca budowli o nie całkiem jasnym przeznaczeniu. Na północnym krańcu poza obrębem pałacu tak zwany teatr. Przypomina on raczej stadion sportowy. Być może jest to plac tańca, który, jak mówi Homer, zbudował Dedal dla Ariadny o pięknych warkoczach.

Naprzód droga, później pałac w Knossos bez murów obronnych, bez bastionów. Pogodny i lekkomyślny. Jakiś strzęp wiersza snuje mi się po głowie. O tym, jak to Minos gra z Wielkim Kapłanem w szachy w momencie, kiedy na wybrzeżu lądują barbarzyńcy.

Ulica mięsa i owoców: *mussakas*, białe wino i owczy ser. W nocy próbuję ułożyć się z moim żelaznym łóżkiem, ale nie jesteśmy, obawiam się, stworzeni dla siebie.

Na rogu ulicy Katheaki, na niebieskim baniaku pomalowanym w meandry stoi policjant dyrygujący ruchem, którego tu właściwie nie ma. Absurdalny pomnik władzy. Pozorne królowanie nad wózkiem zaprzężonym w osła i zabłąkanym amerykańskim samochodem.

Muzeum. Tym razem na dłużej. Z blokiem rysunkowym i zeszytem notatek. Nigdy nie poświęcałem zbyt wiele uwagi ceramice, ale przed malowanymi wazami w Kamares stoję długo. Kształty organiczne, kwiaty, zwierzęta i ośmiornice. Rysunek jest płynny i ruchomy. Wazy oddychają. Ruch żywych form. Ceramika minojska jest zupełnie różna od ceramiki greckiej z jej wolą jasnych kształtów, symetrycznych podziałów i architektury.

Gliptyka, małe pieczęcie z kamienia, gemmy, pierścienie. Odwrotnie niż we freskach, które są jakby pochwałą natury, tutaj odnaleźć można ślady kultów, religii i magii. Zapis jest drobny, enigmatyczny. Na górze kwiatów bogini z wyciągniętą ręką i berłem. Dwa lwy. Na lewo postać z długimi włosami przegięta do tyłu w ekstatycznym tańcu. Ale co znaczy ta scena mała jak orzech, widziana z ogromnej odległości czterech tysięcy lat?

Pasja ruchu w sztuce minojskiej. Odwrotnie niż w Egipcie i u Greków w okresie przedklasycznym.

Słynna fajansowa bogini z wężami. Figurka wydaje się statyczna. Górna część ciała z otwartymi piersiami wyłania się z ciężkiego dzwonu spódnicy, ale ręce z wężami są pełne pasji, ekspresji i ruchu.

Linie, linie faliste, linie taneczne, linie odśrodkowe, linie rozkwitające. To zostanie we mnie, nawet jeśli zapomnę wszystkie wazy i dzbany, i wymalowane na nich wodorosty, trzciny, kwiaty, papirusy i ośmiornice.

Deska do gry pochodząca z Knossos z drzewa, kości słoniowej i kolorowych kamieni. Przypomina warcaby. Zastanawiająca jest nierówna ilość pól, na których, jak się domyślam, stały pionki przeciwników. Widocznie była to gra królewska i Minos miał z urzędu większą liczbę pionków. Wzruszająca rozrywka między trzęsieniem ziemi a najazdem barbarzyńców.

Pieczęć z Minotaurem pochodząca z groty Psychro. Głowa i połowa ciała zwierzęcia, do której przyczepione są ludzkie nogi. Żałośnie chude i bezbronne. Zawsze miałem więcej uczuć dla tego mieszańca niż dla zabójcy Tezeusza. Na pieczęci z Psychro Minotaur jest sympatycznym, nieco kalekim tworem, któremu los kazał odegrać nie swoją rolę w krwawym dramacie herosów.

Nie mogę przekonać się do fresków znajdujących się w muzeum w Heraklionie: ani do księcia wśród lilii, ani do delfinów. Nie wywołują we mnie żadnego wzruszenia, a przeciwnie, odpychają. Odetchnąłem z ulgą, gdy stwierdziłem, że nie są to oryginały, nie kopie nawet. Części autentyczne wielkich fresków są bez mała wielkości pocztówki. Wydobyte oryginały rozsypywały się prawie natychmiast w proch i towarzyszący Evansowi malarz, który był jego asystentem, malował to, co wydawało mu się, że widział. Myślę, że jest to jedno z grubszych fałszerstw w historii sztuki. Mały fresk, który w interpretacji Evansa miał być małpą wśród szafranów, przy bliższej analizie okazał się chłopcem kradnącym kwiaty w królewskim ogrodzie.

Witryna 113. Podkreślam to trzy razy. Stawiam wykrzyknik jeden, drugi, trzeci. Sarkofag z Hagia Triada jest absolutnym arcydziełem. Jest to jedno z moich największych greckich przeżyć. Zrobiony jest z kamienia *poros*. Długi na sto czterdzieści centymetrów. Datowany około 1400 lat przed naszą erą. A zatem późny okres minojski. Postarajmy się odczytać, co tam się dzieje. Pierwsza strona długa sarkofagu: dziewczęta (tu fresk jest uszkodzony i widać dokładnie tylko jedną) w długich szatach idą w procesji ofiarnej; centrum sceny — ofiara z byka, który związany leży na wielkim stole. Pod stołem dwa małe kozły oczekują na swoją kolej; zwierzęta malowane są z ogromną czułością i jakby melancholijnym współczuciem; za bykiem flecista z czerwoną twarzą (na fresku twarze mężczyzn malowane są na czerwono) gra na podwójnym flecie; na pierwszym planie kobieta składająca ofiarę z wina i owoców; koszyk wina i dzban unoszą się w powietrzu.

Scena na drugiej stronie sarkofagu jest bardziej skomplikowana i ma charakter dramatyczny. Akcja toczy się w dwóch kierunkach; kolor tła zmienia się trzy razy, co zapewne musiało mieć jakieś głębsze znaczenie, a nie było po prostu zabiegiem estetycznym. Wszystkie postacie, podobnie jak w poprzedniej scenie, widziane są z profilu, mają oczy podobne jak na egipskich malowidłach i duże, płasko na ziemi położone stopy.

Między dwoma labrysami, na których siedzą ptaki — wielki dzban. Dwie kobiety (jedna z nich ma na głowie nakrycie, jakie nosiły tylko królowe lub księżniczki) wlewają do dzbana wino; za nimi mężczyzna grający na ogromnej lirze. Teraz akcja zmienia kierunek i toczy się z lewa na prawo: trzech młodzieńców odzianych w skórę zwierząt niesie cielęta i model okrętu; zwrócony do nich twarzą bohater dramatu, zmarły, na cześć którego odprawia się ten cały obrządek. Od żywych oddzielony jest niskim murem i drzewem. Jest ubrany w długi płaszcz bez rękawów. Na głowie wieniec. Stopy w ziemi.

Odchodzę, żeby ochłonąć z pierwszego wrażenia, ale wiem, że będę tu wracał.

W drodze do Mykonos

Przybijamy do wyspy Paros. Statek stoi dziwnie długo. Pasażerowie wszyscy wysiedli. Teraz po pomoście wolno, jakby w takt żałobnego marsza, schodzi dostojnie sześciu młodzieńców dźwigających coś podobnego do trumny — grającą szafę. Tak oto jestem świadkiem narodzin nowej epoki. Od dziś Paros nie będzie prowincją. Mieszkańcy skalistej wyspy będą mogli dowiedzieć się, co Aznavour myśli o życiu, a Dalida o miłości. W kraju Safony i Platona oznacza to niewątpliwie postęp.

Mykonos

W Mykonos na szczęście nie ma wiele do zwiedzania. Ale jest pewien gatunek bieli (wszystkie domy pomalowane są na ten kolor), którego nigdy nie zaznałem w życiu, bieli tak intensywnej, tak żarliwej, że nawet noc bezksiężycowa nie jest w stanie jej zagasić.

Panagia tou Gati. Mykonos, które ma niewiele ponad 3,5 tysiąca mieszkańców, posiada kaplic i kościołów tyle, ile dni w roku. Ale najbardziej wzruszająca jest Panagia tou Gati — kapliczka tak mała, że z trudem można się tam obrócić. Opowieść głosi, że wybudował ją ubogi rybak w podzięce za wybawienie go od burzy. Ulepił ją sam, a że to *ex voto* było zbyt małe, duchowny odmówił poświęcenia. Zagnieździła się tam kotka, która urodziła wkrótce kocięta. Stąd piękna nazwa Dziewicy Patronki Kota, co podobałoby się bardzo świętemu z Asyżu.

Szaroniebieski cień przecina ukośnie ścianę domu. W górze kwadrat okna, czarny jak sadza. Nagle głowa dziecka pojawia się na tym tle, stosownym raczej dla świecy, czaszki i Biblii.

Scena w porcie. Wszyscy pasażerowie są już na pokładzie małej motorówki, która odwiezie nas do statku. Wąsaty gruby Grek rozmawia z ożywieniem z dowódcą motorówki. Czekamy. Statek na redzie porykuje. Domyślam się, że wąsaty Hellen stara się opóźnić nasz odjazd. Z zaułków Mykonos wybiega młodzieniec. Na plecach ma drewnianą skrzynkę, taką samą, z jaką w moim kraju synowie wieśniaków szli do wojska. Spóźniony młodzian pochyla się, aby pocałować rękę wąsacza, i wtedy zagniewana ręka uderza go błyskawicznie w twarz. Młodzieniec zatacza się i przypuszcza jeszcze jeden szturm do karzącej ręki, która tym razem daje się przebłagać. Hippisi patrzą na to jak na scenę z filmu *Dziesięć przykazań*. Motorówka odpływa i długo widzę na nadbrzeżu rękę, która kreśli w powietrzu znaki błogosławieństwa.

Dzień odjazdu. Mam nieznośne uczucie, że nigdy tu więcej nie wrócę. Lotnisko. Podaję mój paszport z wizą, która od dawna jest nieważna. Urzędnik próbuje nawiązać ze mną kontakt, ale rozkładam bezradnie ręce, że nie rozumiem, nie rozumiem w żadnym języku, nie potrafię mówić. Odchodzi z moim dokumentem, dłuższą chwilę konferuje z szefem, który wreszcie macha ręką. Urzędnik przybija pieczątkę i mówi najczystszą polszczyzną „do widzenia", co powinno mnie zdziwić, ale nie zdziwiło. Bogowie zajmują się przecież nie tylko sprawami wielkimi, ale ingerują w obskurne afery biurokratów. Hermesowi należy się ofiara.

Usiadłem po prawej stronie samolotu w nadziei, że zobaczę Akropol. Maszyna ciężko odrywa się od ziemi, zatacza półkole. Na lewo morze, Pireus i niewidoczna Vivien. Widzę teraz Lykabet. Mrowisko domów. Szkło i wapno. Jest wreszcie Akropol — niezłomny, równy samemu sobie, niesłychany jak okręt w środku miasta.

Mykeny

Ajgistos śpi. Chrapanie murów.
Krew na kamieniach trochę wyschła.
Elektra ziewa. Piąta rano
Ciążą na barkach koromysła

Schodzi po schodach do cysterny
Gdzie nocna wilgoć jak nietoperz
I zanim wiadro wodę zmąci
W wodzie ogromne ojca oczy

Nalane strachem. Tak bez krzyku
Rozmawia z córką Agamemnon
Cały dzień prawie. Stosy brudów
Na prześcieradłach krew i sperma

Wieczorem uczta. Klitajmestra
piękna jak zawsze. Piją tęgo
Płaczą i śmieją się znów płaczą
W kącie się jąka ślepy gęślarz

Epos jest stary i zużyty
Jakby po kościach sunął broną
Pełznie głos nikły po kamieniach
W grubej ciemności megaronu

A potem żeby było raźniej
wynoszą trupy swe z podziemia
Do stołów wloką nalewają
Wino do gardeł których nie ma

Jest chwila ciszy kiedy karki
Ugnie potężny wina opar
Pogodzi zmarłych i zabójców
Cień co zdejmuje z ściany topór

MALI MISTRZOWIE

De stomme van Kampen (1585–1634)

Avercamp jest malarzem rozkosznym, jego obrazy chciałoby się pieszczotliwie gładzić, kołysać w rękach, przemawiać do nich, jak się przemawia do dzieci. Te niewielkie rozmiarami malowidła wywołują instynktowny, niepohamowany przypływ czułości jak widok pierwszych kwiatów wiosennych, szpaka zaglądającego do okna, małych zwierząt. Zdaję sobie sprawę, że to wszystko brzmi nieporadnie i sentymentalnie. Nic nie poradzę. Avercamp jest malarzem rozkosznym.

Pięć lat młodszy od Halsa, działający w czasach głośnej sławy Rubensa i wschodzącej gwiazdy Rembrandta — Avercamp wydaje się żywym anachronizmem, dziwaczną pomyłką chronologii, artystą, którego wyobraźnia i styl zdecydowanie bliższe są Bruegla niż jakiegokolwiek innego twórcy „złotego wieku". A przy tym nie jest epigonem, ale kreatorem własnego świata o cechach tak naturalnych, że trudno pomylić go z kimkolwiek.

Większą część życia spędził z dala od artystycznych ośrodków, w małym mieście północnym Kampen nad zatoką Zuiderzee. Istnieje przypuszczenie, że odbył kilka podróży, dotarł podobno (według niepewnych źródeł) do Morza Śródziemnego, ale te nawigacje nie pozostawiły w jego płótnach żadnego śladu. Podobnie jak większość jego niderlandzkich kolegów, został wierny niezmierzonym obszarom nieba, rozległym płaszczyznom, wodom i światłu swojej ojczyzny.

Samotność pogłębiona kalectwem — niemota — życie spędzone z dala od centrów sztuki sprawiły, że nie stworzył szkoły i w wielkiej epopei malarstwa holenderskiego stanowi zjawisko odrębne

43

i zamknięte. Był jednym z pierwszych pejzażystów holenderskich, ale rozwój tego rodzaju artystycznego poszedł w zupełnie innym kierunku. Nic nie da się powiedzieć o jego wewnętrznym dojrzewaniu i przemianach. Pierwszy datowany obraz z roku 1608 (artysta miał wówczas dwadzieścia trzy lata) jest równie mistrzowski jak dzieła późniejsze. Zachwycający dla laika, jest mało wdzięcznym obiektem badań i dociekań naukowych.

Bohaterem obrazów Avercampa jest zima i malarz opiewa ją w całym nieprzeczuwalnym splendorze kolorów i radosnej afirmacji. Gdyby malarstwo pozostało wyłącznie domeną rasy śródziemnomorskiej, śnieg i lód, mglisty poranek zwiastujący odwilż, powietrze ścięte mrozem — stanowiłyby zimną abstrakcję.

W twórczości Avercampa przysłowiowo smutna, bezbarwna pora uśpionej przyrody, sezon Persefony w podziemiach, tętni życiem, ogrzewa i wprawia w ruch naszą wyobraźnię. Magia sztuki? Na pewno, ale nie tylko, i dlatego trzeba tutaj zrobić mały ekskurs w dziedzinę holenderskich obyczajów.

Kiedy wody wewnętrzne pokrywał lód, kto żyw dosiadał sanek, przypinał łyżwy i oddawał się z zapałem zimowemu szaleństwu. Holandia przypominała wówczas wielką ślizgawkę, a liczni podróżnicy opisywali ten fenomen, dzięki czemu znamy nawet z nazwiska sławnych ówczesnych łyżwiarzy, rekordy szybkości, zawody [— wraz] z najsłynniejszą „Wędrówką jedenastu miast", festyny i nocne bale przy blasku pochodni. Była to zatem holenderska wersja weneckich karnawałów, demokratyczne *rendez-vous* wszystkich ze wszystkimi, bez różnicy kondycji, majątku, stanu i zawodu.

Avercamp — malarz zaludnionej przyrody — nie mógł wybrać stosowniejszego momentu, aby na tle zimowej panoramy przekazać zbiorowy portret swoich współziomków, miniaturę ludzkiego świata. W tym lodowym salonie mieszczą się wszyscy. Są tu kobiety, mężczyźni, dzieci, młodzi, starzy, wieśniaczka z kurą pod pachą spiesząca na targ, elegant z wysoko uniesioną nogą, obmyślający zapewne skomplikowane piruety, grubas prujący brzuchem taflę lodową, wytworne pary trzymające się za ręce — damy w długich sukniach, panowie, których głowy zdobią zupełnie niestosowne do sytuacji wysokie kapelusze — suną na łyżwach god-

44

nie, bez pośpiechu, zaczynając uroczysty taniec, a także kupcy grający w kafla (coś pośredniego między golfem a hokejem), przezorni chłopi zaopatrzeni w drągi na przypadek załamania się lodu, wpadnięcia w przeręblę (takie dramaty są tu również przedstawione), bajecznie kolorowe sanie zaprzężone w konia w ozdobnym czapraku z dzwoneczkami; nawet osoby wiekowe nie chcą odmówić sobie przyjemności zimy. Siedzą godnie w wysokim krześle, do którego czterech nóg przyczepione są łyżwy, pachołek stanowi siłę napędową.

Obrazy Avercampa są dla widza nie tylko przedmiotem estetycznej delektacji, ale można je także „czytać", i to w dowolnym porządku — wzdłuż linii perspektywy, od środka, z lewa na prawo lub, jeśli kto woli, od ptaka zawieszonego wysoko na niebie aż do ciemnego pnia drzewa na pierwszym planie. Są jak opowieść o wielu równorzędnych epizodach, bez centralnej sceny i morału.

Zestawiano czasem Avercampa z Piotrem Brueglem. Jeżeli takie porównania czemuś służą, to chyba temu, aby uchwycić odmienność niż powierzchowne podobieństwa. Oczywiście, Avercamp jest twórcą skromniejszym, pozbawionym ambicji objaśniania świata, monotematycznym i z wyboru prowincjonalnym.

W wielkich, kosmicznych krajobrazach Bruegla człowiek jest skazany na bezsensowną krzątaninę, na lekkomyślny „taniec pod szubienicą". Nawet w takim z pozoru beztroskim obrazie jak *Pejzaż zimowy, łyżwiarze i pułapka na ptaki* (Bruksela, kolekcja Delaporte) sens alegoryczny przedstawionej sceny — gorzka refleksja nad losem ludzkim — leży jak na dłoni.

Avercamp przyjmuje, że świat jest dobry i godny zamieszkania, jego małe postacie na tle rozległej panoramy oddane są z czułą dokładnością miniaturzysty, bez cienia sarkazmu czy ironii. Obca mu jest medytacja wielkiego Flamanda nad przemijaniem, obojętnością przyrody, znikomością egzystencji. I w tej zgodzie na to, co istnieje, w naiwnej, spontanicznej akceptacji rzeczywistości jest Avercamp arcyholenderski.

Mówiono, że jako mały chłopiec — kalectwo pozbawiło go zabaw z rówieśnikami — przesiadywał w aptece ojca i godzinami przyglądał się słojom zawierającym różnobarwne mikstury. Ta ckliwa historyjka, żywcem wyjęta z modnych kiedyś *vie romancée*, może i wzrusza, ale tłumaczy mało. To, co można na pewno wywnioskować z jego dzieł — jedynego wiarogodnego dokumentu — że wiedzę o kolorze i materii malarskiej zaczerpnął od starych mistrzów.

Kolor Avercampa jest zawsze ścisły, zdefiniowany, jasno określony, dźwięczny, substancjalny, twardy i świetlisty zarazem jak kość słoniowa, szlachetne kamienie, barwne opalizujące szkła. Powierzchnia płócien jest pstra, ale ta kolorystyczna swoboda i rozrzutność palety, a także nagromadzenie szczegółów nie niszczą jedności nastroju i tonu. Także kompozycja wolna jest od reguł linearnej perspektywy, dzieło organizuje się samo jakby podległe bardziej nieobliczalnym prawom życia niż sztuki. Płaszczyzny obrazów aż wibrują od śmiałych, mozaikowych kontrastów — pośród delikatnych szarości, czyste błękity i nagły błysk szkarłatu. Jak to jest, że te obrazy, kipiące od niepohamowanej narracji, w których panuje beztroski nieład rzeczy, są dla naszych oczu jednorodne, wewnętrznie spójne, harmonijne, chociaż wymykają się wszelkim geometrycznym schematom.

Oto *Krajobraz zimowy z łyżwiarzami* w amsterdamskim Rijksmuseum. Od dołu obraz zaczyna się małą uwerturą brązów — na brzegu podobny do nadwątlonego przez ogień starego rękopisu. Po lewej stronie istny bałagan form: ucięty ramą fragment domu z długim, spadzistym jak czapka na uszy dachem, obrośnięty niechlujnymi przybudówkami. Przylega do niego browar bursztynowo ciepły, z zaciekami czerwieni, rozłożysty, twór raczej piekarza niż architekta, malowany z wyraźną predylekcją do asymetrii, browar — rzekłbyś — stojący dęba, bo linia szczytowa budowli prowadzi do nieba. Idąc w głąb obrazu, na niewielkim garbie ziemi surowy, bez ozdób kościół — zielony jak turmalin (kolory Avercampa mają w sobie świetlistość minerałów). I jeszcze dziwaczny zamek, z gotycką wieżą, cały zbudowany jakby z płytek lodu. Bo w miarę oddalania przedmioty stają się coraz bardziej przejrzyste. Avercamp lubił zamki i zmyślał je ku strapieniu nieszczęsnych archeologów, którzy nie chcą zrozumieć, że topografia rzeczywista nie pokrywa się z topografią bajki.

Po prawej stronie *Krajobrazu zimowego* rzadkie zabudowania, a w centrum tego pejzażu szeroka, przypominająca zamarznięte ujście rzeki ślizgawka zaludniona tłumem postaci intensywnie czarnych, czerwonych, żółtych — na pierwszym planie, a w dali na granicy widzenia małych i ledwo dostrzegalnych jak opiłki zbielałego błękitu.

Avercamp lekceważył sobie zasady perspektywy geometrycznej, linearną logikę budowania przestrzeni, za to jego perspektywa powietrzna, z lotu ptaka, ukazana kolorem, jest wspaniała, olśniewająca — daje oczom radość wielkiej podróży, wciąga w świetliste głębie bez końca. Bo kresem jego obrazów nie jest linia horyzontu, ale delikatne, prawie niewidoczne zetknięcie błękitnozielonych szarości.

Pieter Saenredam (1597–1665).
Portret architektury

Od wieków mądrość ludowa nakazywała, aby chłopców dotkniętych upośledzeniem czy kalectwem kierować do określonych zawodów. I tak chromi zostawali kowalami, osiłki mocne, a przygłupie spędzały całe życie w gospodarstwie rodzinnym, wiodąc monotonne życie zwierząt pociągowych, garbatym zalecano kaligrafię i rysunek ze względu na związaną podobno z tym kalectwem anielską cierpliwość i piekielny upór. Tak stało się z małym Piotrem Saenredamem. Urodzony w 1597 w Assendelft. Po śmierci ojca rodzina przenosi się do Haarlemu, gdzie Pieter studiuje malarstwo. Jego pierwszym zamówieniem były rysunki i mapy do książki wielebnego Samuela Ampzinga poświęconej historii Haarlemu. Najstarsi mieszkańcy pamiętają jeszcze ten krwawy epizod dziejów wojny przeciw Hiszpanii; po wielomiesięcznej zaciekłej obronie kapitulacja i bezprzykładna masakra dokonana na obrońcach.

Saenredam ma wtedy lat 30 i można by sądzić, że resztę dni swoich spędzi wśród nienagannie kreślonych kół, wieloboków sylwet miast i cytadeli. Momentem przełomowym w jego życiu było spotkanie, znajomość, a potem przyjaźń z czołowym architektem holenderskim, klasycystą Jacobem van Campen — wielbicielem Palladia, który właśnie wrócił z Włoch po wszechstronnych studiach, aby pozostawić swojemu krajowi szereg dzieł takich jak ratusz w Amsterdamie, Mauritshuis w Hadze, Nowy Kościół w Haarlemie. Saenredam utonął w architekturze, która stała się wyłącznym tematem jego obrazów. Z drobiazgową dokładnością i zmysłem poszukiwania istoty, syntezy, maluje swoje „perspektywy" wnętrza kościołów, a także publiczne budynki widziane z zewnątrz. Szczęśliwy przypadek sprawił, że do większości obrazów zachowały się szkice. Nie brak właściwie nic, co byłoby bardzo rzadkie. Niezwykła jest natomiast systematyczność i skrupulatność prac przygotowawczych, co pozwala na wniknięcie w jego osobliwą metodę malowania. Saenredam sprawia wrażenie skromnego, cierpliwego ilustratora architektury, w istocie jest artystą oryginalnym, który odtworzonym budowlom narzuca własne piętno.

„Zrobiłem ten rysunek na podstawie dużego i dokładnego szkicu, który wykonałem z natury tak wiernie, jak to było tylko możliwe, na karcie średniej wielkości o wymiarach 15 i pół cala wysokości i 20 cali długości w roku 1641 w dniach 15, 16, 17, 18, 19 lipca, pracując wytrwale od rana do nocy". O czym świadczy ten zapis? Pośrednio o charakterze samego artysty — pedanta i odrobinę nudziarza. Być może Saenredam pisał w ten osobliwy sposób — stylem dziennika okrętowego — pamiętnik ascetyczny i suchy, notując dokładne daty i zdarzenia dla niego tylko ważne.

Wszystko, co zostało dotychczas powiedziane, nie budzi zdziwienia, jest normalne, banalne nawet, a także zgadza się z praktyką wielu innych malarzy. Prawdziwie zdumiewającym jest natomiast fakt — między pierwszym szkicem a gotowym obrazem mija 16 lat. Nie jest to wyjątkowy przypadek w twórczości Saenredama.

Nasuwa się przypuszczenie, że ta długa pauza między otwarciem oka a skończonym dziełem wynikała z wiary czy urojenia Saenredama w oczyszczającą siłę pamięci; wiary, że sam upływ czasu zaciera szczegóły nieistotne, a utrwala ważne, strąca ornamenty, a pozostawia nagą surową konstrukcję. Każdy z własnego doświadczenia wie dobrze, że mechanizm pamięci jest dość zwariowany i daleko mu do logiki czy zdolności wyławiania esencji ze splątanego natłoku wrażeń. Długo wybierałem się do Myken, znałem nieźle układ ulic, lokalizację zabytków i cóż mi zostało z tej eskapady? Fragmenty muzeum, czerwony księżyc włóczący się po pagórkach i mijany rankiem pogrzeb z otwartym wiekiem trumny, dzięki czemu można było widzieć żółtą twarz nieboszczyka i jego sterczące, zupełnie mokre włosy.

Pewną sensację nie tylko wśród amatorów Saenredama wywołało ćwierć wieku temu odkrycie pierwszego obrazu mistrza *Chrystus wypędzający kupców ze świątyni*. Jest to bardzo interesujący przykład ptaka uczącego się latać, malarza niepewnego swoich możliwości, nieopierzonego artysty na rozdrożu. Scena biblijna potraktowana została w osobliwy sposób. Grupę ludzi stanowi wąski jakby wyszywany szlaczek na samym dole obrazu. Postać Chrystusa i przeganianych przekupniów w stosunku do wnętrza, gdzie odbywa się całe zdarzenie, ma się jak 2 do 17. Owe gotyckie okna z maswerkami, parę nietoperzy, które mają zapewne wnosić element zgrozy. Całość przypomina raczej pochód ciągnionych za sznurek figurek z szopki niż autentyczne zdarzenie. Parę sal dalej ta sama scena malowana przez Jordaensa — wściekłe splątanie pięści, łokci, ramion, obraz naładowany energią, jak fragment bitwy. Saenredam zrozumiał własną pomyłkę. Odtąd jego domeną będzie milczący bezruch. Na czym polegała metoda artystyczna Saenredama, sekret jego sztuki? Tego do końca nie wiemy. W Holandii każdy coś majstrował, ulepszał, doskonalił — rowy odwadniające i lunety astronomiczne — malarze nie pozostawali w tyle. Saenredam był zaprzeczeniem twórcy spontanicznego. Za to natura wyposażyła go w wyostrzoną świadomość, zmysł przestrzenny, umiejętność przeprowadzania kalkulacji matematycznych. Swój proces twórczy dzielił na trzy etapy.

Pierwszy stanowił „rysunek z natury". To właśnie na jednym z nich (*Plac i kościół Mariacki w Utrechcie*) napisał malarz swoje przytoczone wyżej sprawozdanie z dokonanych prac. A rysował Saenredam tak dokładnie, że niemal zatracał sam siebie, bez nuty osobistej, drgnienia wzruszonej ręki. Nie było w tym nawet stylu. Dostrzegał wszystko — sznur, na którym wisiał świecznik, wszystkie kościelne narośla — krzesła, organy, kazalnicę, drewnianą balustradę, zatarty napis nagrobny. Jego linia jest cienka jak napięta nitka, czasem grubsza jak ślad kopciu na świecy. Rysował pewną ręką bez użycia cyrkla i liniału.

Przypominam sobie owe nieliczne rysunki Rembrandta, nieczytelne, pogmatwane, jakby energia zgubiła formę, a także te skończone, doskonałe, świetliste pejzaże nad rzeką, o kresce, która jakby jeszcze nie dotknęła papieru, lub brutalnej jak uderzenie drapieżcy. A także wspaniałe, dlatego że nie ma w nich żadnej wspaniałości — tylko szeleszcząca monotonia świata — albumy z podróży Goyena zaczynające się od splątanego kłębka włóczki, co oznacza zieleń, są tam jeszcze sześciany domów i z cieniutkich patyczków wzniesione wieże kościelne. Wszystko jest tu pierzchające, płynne, dane tylko na moment. Tak mamy oto zacną Brukselę lub miasto Haren.

Trudno porównać Saenredama z jakimkolwiek artystą holenderskim. Najbardziej godna podziwu jest jego sztuka emocji powściąganej, wyobraźnia poddana zimnej kalkulacji i efekt zgodny z zamierzeniem. Kilka, czasem kilkanaście lat pracy nad jednym obrazem (wliczając w to okresy przerw, pauz i medytacji) — on sam wymyślił dla siebie dyscyplinę, chłostę i włosiennicę. Z tego można by wysnuć wniosek, że zostawił dzieło oschłe i cerebralne. W istocie rzecz ma się inaczej.

Po „rysunku z natury" następuje faza „konstruktywistyczna". Polega ona na oczyszczaniu, eliminacji większości flory kościelnej — ławek, krzeseł, kazalnic, ornamentów — jakby do środka wpadła sotnia awangardystów, niszcząc wszystko, co nie jest kolumną, łukiem, sklepieniem, czystą nagą formą. Saenredam zatrzymuje się na szczęście przed ostatecznością abstrakcji: wysoko na białych kolumnach zawiesza czarne tablice komemoratywne, które w pustce kościoła zdają się dźwięczeć jak gongi. Wprowadza nawet małe grupki osób, które podkreślają wysokość budowli i są jak małe czarne sekundy na kamiennym zegarze architektury.

Proces oczyszczania, destylacji jest tylko jednym, ale nie jedynym z zabiegów istotnych dla fazy konstruktywistycznej procesu twórczego. Teraz artysta wchodzi jakby do wnętrza budowli i zmienia nieznacznie jej elementy. Zbliża do siebie kolumny, przydając im cienia, aby uzyskać efekt gęstości. Niekiedy pomniejsza bazę kolumny, dodaje trzonom lekkości, redukuje kapitele, aby dać wnętrzu więcej przejrzystości i światła.

Saenredam musiał dość wcześnie zmierzyć się z paradoksami, z którymi zmaga się każdy malarz architektury, a także chyba każdy artysta. Geometryczne prawa obrazu nie są równe geometrycznym prawom budowli, a że część, fragment są bardziej wymowne, to więcej znaczą niż całość [nadpisane: są bardziej ważkie niż próba ukazania całości]. Rysując we wczesnych latach kościół św. Bawona w Haarlemie, malarz umieścił się dokładnie w punkcie centralnym tuż obok wejścia. W efekcie widzimy fragmenty dwu bocznych naw, a także całą nawę główną aż do ołtarza i prezbiterium, nad głową zaś sklepienie, uciekające, zadarte dęba, zupełnie nieprawdziwe. Cały kościół sprawia wrażenie wypchanego ptaka ze złożonymi skrzydłami.

Teraz nadszedł czas, aby przenieść rysunek konstrukcyjny na obraz olejny. Saenredam wolno i delikatnie bada, jak kolor działa na płaszczyzny bryły. Znów szereg korekt i poprawek, manipulowanie formami architektury, aby wzmocnić przedstawiony fragment architektury, nadać mu formę konieczną i zwartą. Saenredam jest znakomitym dyskretnym kolorystą. Lubi kolory złamane: szarobłękitny, szarozielony, nie unika zdecydowanych kontrastów, cieni wpadających w czerń, chłodnych bieli i głębokich brązów. Przypomina Vermeera, nie zostawia ani cząstki płaszczyzny obrazu neutralnej, obojętnej kolorystycznie. Jego najbardziej lirycznym obrazem jest wnętrze kościoła św. Odolfa w Assendelft, w małej mieścinie, miejscu urodzenia artysty. Szarozielona podłoga z wielkich płyt, pod jedną z nich, jak głosi napis, leżą doczesne szczątki ojca malarza. Kolumny są białe, zwieńczone łukowo...

Willem Duyster (1599–1635)
albo Dyskretny urok soldateski

Kilka lat temu w rozmowie ze znawcą sztuki holenderskiej wymknęło mi się nazwisko Duystera, który zaczynał mnie właśnie fascynować, i poszukiwałem tyleż intensywnie, co bezskutecznie bliższych o nim wiadomości. Zarzuciłem wędkę i czekałem na efekt. Mój uczony rozmówca wyraził zdziwienie, a także wątpliwość, czy warto zajmować się doszczętnie zapomnianym i, jak się wyraził, anemicznym artystą, którego w cień usunęła wspaniała twórczość późniejszych przedstawicieli malarstwa rodzajowego, takich jak Brouwer, Ostade, a nade wszystko Jan Steen.

Tutaj muszę przyznać się do głęboko zakorzenionej we mnie animozji, którą rozsądek nakazuje ukrywać raczej, niż ujawniać. Otóż Steen był dla mnie zawsze rybą ościstą i prawie niejadalną. Podejrzewam, że zgodna i powszechna fama obwołująca go najwybitniejszym holenderskim malarzem obyczajowym opiera się chyba na mnogości jego dzieła niż na zaletach malarskich. W rzeczy samej Steen jest wszechobecny i tak natarczywy, że trudno go przeoczyć. Nie ma większej galerii, która by nie posiadała jego płócien. Ponad osiemset obrazów rozsianych po świecie, nie licząc rycin i rysunków, są to jakby ambasadorzy wielkiego mocarstwa. Zdaję sobie sprawę, czym grozi rozpoczęcie choćby małej wojny podjazdowej.

Odpycha mnie od tego mistrza, któremu nikt nie odmówi bystrego kociego oka i sprawnej ręki, jego literacka elokwencja, żeby nie powiedzieć chorobliwa gadatliwość zwana logoreą. Język jego obrazów jest niepohamowany, spieniony potok anegdot lepszych i gorszych wydaje się nie mieć końca. Atmosfera jest duszna. Kompozycja gubi się w szczegółach; zmącone malarskie walory schodzą na plan dalszy i nie ma żadnej brzytwy Ockhama, która obcięłaby to. Po obejrzeniu paru płócien Steena mam po prostu dosyć tych chichotów, chrząkania, ryków, pijackiego głędzenia, zaglądania za dekolt, sprośnych aluzji, poklepywania, gościnnie rozłożonych ud niewieścich. Dość mam jurnych staruchów i nietkniętych dziewczątek, które za chwilę stoczą się na dno upadku.

Z pozoru nie ma to nic wspólnego z krytyką artystyczną — a jednak ma. Dzielenie sztuki na „moralną" czy „niemoralną", jeśli kryterium tego podziału stanowi temat wzniosły lub pospolity — pozbawione jest oczywiście sensu. Ten świat roi się od scen biblijnych, na które nie padł ani jeden promień Objawienia, dwuznacznych ogrodów rajskich, alegorii cnót tak odpychających, że budzą nieprzeparty pociąg do siedmiu grzechów głównych. Natomiast obrazy błahe posiadają moc oczyszczania duszy, zapowiedź wybaczenia — żółty mur ze śladami wielu jesieni i kępami chwastów na szczycie, kawałek ziemi, pochyła olcha, łuszcząca się sina rzeka i rybak pod niebem zachodu, kilka jabłek rozsypanych na stole i dzban, i nóż, i zmięta serweta — jakby one mogły wyrazić tęsknotę za niedościgłym, niepewnym porządkiem wszechświata.

Uprawianie historii sztuki sprowadzonej do rejestrowania form, stylów, technik i konwencji jest zajęciem dostojnie jałowym i solennie nudnym. Płodnym natomiast wydaje mi się trud zmierzający do tego, aby nawiązać dialog ze sprawcą dzieła, z jego niepowtarzalnym światem wewnętrznym, miłością, pasją, rozdarciem, a także jemu tylko właściwą, jemu tylko wyznaczoną ścieżką doskonałości, którą szedł i o której zapomniał.

Amatorzy, to znaczy ci, którzy obcują z dziełami sztuki dla własnej przyjemności, a nie z niskich pobudek materialnych, czyli zawodowo, odczuwają nieprzepartą potrzebę kontaktu z osobą artysty, mówiąc po prostu, dawno zmarłego człowieka, poprzez przedmioty, które są jedynym materialnym śladem jego obecności. Wiem, że to prawie niemożliwe, więc trąci spirytyzmem, wirującymi stolikami, urąga dyscyplinie i świętym metodom wiedzy, tedy nauka świadoma swojej powagi ignoruje podobne tęsknoty i pragnienia prostaczków. W zamian za to daje to, na co ją stać — informacje, pojęciowe zaklęcia i formuły, ułatwia zrozumienie kompozycji dzieła za pomocą osi, kwadracików i trójkątów, a także — co obecnie w modzie — ofiarowuje puste kolorowe muszelki emblematów, ukrytych znaczeń i symboli, alegorii.

A uparty i naiwny amator zastanawia się nad defektami i wielkością duszy ulubionego twórcy. Pyta o sprawy pozornie wykraczające poza obręb estetyki, a mianowicie o naturę moralną artysty — czy był odważny, wierny sobie i czy jego ręką i okiem rządziły elementarne zasady uczciwości. Miłośników pociąga to, co jednostkowe, niepowtarzalne, wymykające się schematom epok i szkół. Delektują się szczegółami — kształtem powiek u sieneńskich mistrzów, manierycznym, jubilersko-złotniczym rysunkiem ust Crivellego, koronkami u Halsa, które z bliska wyglądają jak bezładna gmatwanina nitek. Są odporni na powszechnie przyjętą hierarchię ocen, renomę firmy, potrafią wskazać dzieła słabe wielkich malarzy, a także „puszczone" fragmenty arcydzieł. *Summa summarum* są heretykami, ale bez nich ten fragment dziejów ludzkości, zwanej historią sztuki, przypominałby ogromną manufakturę, w której bladzi wyrobnicy — niekiedy genialni — pracują nad tyrańskimi rozkazami Ducha Czasu.

Opowiadam się po stronie ginącej rasy amatorów, ponieważ sam do nich należę. Najzwyczajniej, tak jak wszyscy, bronię swojej racji istnienia. Chciałbym żyć pośród zmarłych artystów, podobnie jak żyję wśród otaczających mnie ludzi, kierując się sympatią, antypatią, kornym uwielbieniem, zapiekłą niechęcią — mało dbając o teoretyczne uzasadnienia tych arbitralnych ocen, bowiem głębokie uczucia opierają się na szczęście racjonalizacji. Pociąga mnie bardziej charakter, mniej mistrzostwo. Prostodusznie sądzę, że ani talent, ani czarodziejstwa warsztatu nie potrafią przesłonić pospolitej i miałkiej duszy artysty.

Brouwer i Steen, których uczony mój rozmówca wymienił tak beztrosko jednym tchem — to dla amatora niedające się pogodzić dwa różne światy. Cóż z tego, że obaj działali (niedokładnie) w tym samym kraju i czasie, a także uprawiali coś, co umownie nazywa się malarstwem rodzajowym? Można się ostatecznie zgodzić, że takie traktowanie spraw bądź co bądź ducha jest konieczne ze względów praktycznych i stanowi coś w rodzaju uproszczonej mapy wyspy o bujnej wegetacji i trudnym do opisania klimacie i geologii — najniższy, prymitywny stopień poznania. Ale także w wyższych rejonach poznania panoszy się zabłąkany ze świata minerałów i roślin potwór systematyki, duch Linneusza niszczący to, co wyjątkowe, indywidualne, konkretne, nieznane zielnikom.

Warto więc badać żywe dzieła sztuki, zapominając o datach, metrykach, szkołach, kierunkach, tematach — koniach, okrętach czy

kwiatach, a stosować kryteria mniej bakalarskie, bardziej istotne
— wewnętrzny impet, stosunek do absolutu, centralną wizję, po-
wagę i siłę, z jaką artysta ściera się z rzeczywistością, przegrywa
— wygrywa — nie godzi się na łatwy kompromis.

Marzy się tedy historia sztuki skrajnie subiektywna, wyzwolona od „naukowej" terminologii, oparta na rozumnym oku, nieule-
gająca tyranii miejsca i czasu, bowiem rytm sztuki bywa często
zaskakująco odmienny od rytmu dziejów, ma własne bitwy, przy-
mierza, granice, królestwa i klęski. Wówczas, jak sądzę, łatwiejsza
byłaby zmiana tradycyjnie przyjętych hierarchii — wydobycie
twórców zapomnianych, bo „niereprezentatywnych", i zakwestio-
nowanie wielkości utrzymujących się siłą bezwładu i monotonnej
repetycji. Do tych ostatnich zaliczam Jana Steena.

Od lat hoduję w sercu dręczącą, bardzo osobistą urazę do tego
malarza i tylko szyderczy pamflet mógłby mnie od niej uwolnić.
A w tym pamflecie byłyby takie zjadliwe myśli: współcześni ceni-
li Steena przede wszystkim za pewien szczególny rodzaj humoru,
a nie za wartości pikturalne. Humor jednak, zwłaszcza obyczajo-
wy, starzeje się szybko i umiera najczęściej wraz z epoką. I czy
można sobie wyobrazić taką kategorię — malarstwo komiczne? To
przecież zdecydowanie domena literatury, dlatego zapewne, aby
nobilitować Steena, porównywano go z Molierem, który, bądźmy
szczerzy, często nas usypia, a ci, którzy inscenizują wielkiego Ary-
stofanesa, aby pobudzić nasze ośrodki śmiechu, uciekają się do re-
wiowych chwytów i cyrkowej błazenady. Tak więc wydaje się, że
Steen był w większym stopniu satyrykiem, karykaturzystą niż malarzem, krewnym Hogartha i można go sobie dobrze wyobrazić jako ilustratora *Opowieści gościńca i gospody*. Zauważmy, z jaką
pasją i rysunkową dokładnością oddawał charaktery i grymasy
swoich postaci. Czerpał pełną ręką z dorobku innych, sam jednak
nie stworzył własnego stylu, co najwyżej własną kaligrafię
i manierę. Z całego jego przytłaczającego dorobku można wyłowić
kilkanaście pięknych obrazów, na przykład obie *Toalety*, amster-
damska i londyńska (tamże świetni *Gracze w kręgle*), ale pozosta-
wił po sobie także dzieła mierne, jak *Cincinnatus i pole rzepy* —
bohaterem malowidła nie jest cnotliwy konsul republikański, ale
owa rzepa, a także dynie i cebula, czy *Wieczerza w Emaus* — po

lewej stronie oleodrukowe widmo Chrystusa, zapowiedź złych bohomazów nabożnych XIX wieku. Atmosferę przeważającej większości jego obrazów najtrafniej oddaje francuski przymiotnik *louche*, co w znaczeniu figuratywnym wykłada się tyle co mętny, podejrzany, dwuznaczny, nieczysty. Wszystko to należałoby rozwinąć, zaprawić zabójczą ironią, ale przecież nie o nim mam pisać. Steena traktuję jako wielką, ciężką, nieruszaną od wieków szafę, którą chciałbym trochę przesunąć, aby zrobić miejsce dla mego pupila — Duystera.

Mało o nim wiemy poza tym, że działał w Amsterdamie i malował sceny z życia żołnierzy. Jeśli już bywa wzmiankowany, to mimochodem, bez żadnej próby określenia odrębności, charakteru stylu, najczęściej — obok takich artystów jak Codde, Kick, Quast — jako egzemplum, przykład, przedstawiciel wczesnego okresu holenderskiego malarstwa rodzajowego, którego koniec przypada na lata trzydzieste XVII wieku. Umarł młodo, a nieskatalogowany dorobek rozproszony jest po świecie. *„He was never put to the test"* — mówi o Duysterze współczesny autor. Najwyższy przeto czas, aby rozpocząć proces rehabilitacji, wyprowadzić malarza z obszarów zapomnienia.

Dla większości zwiedzających Rijksmuseum jest rezerwatem arcydzieł i chodzi się tam po to, aby zobaczyć swoje ulubione vermeery czy rembrandty. W mojej pamięci amsterdamskie zbiory były jak miasto, w którym obok wysokich wież, katedr i rozległych pałaców są także zaułki, głębokie studnie, tajemnicze pasaże. Trzeba trochę cierpliwości i odwagi, ducha ryzyka, żeby zboczyć z utartych szlaków, nie ulegać presji szyldów i kierunkowskazów, a wówczas zostaniemy nagrodzeni przygodą. Tutaj właśnie po raz pierwszy przeszedł mi drogę zagadkowy pan Willem Duyster.

Jego obraz nosi tytuł długi jak tablica komemoratywna, wymienia datę, okoliczności i głównych aktorów zdarzenia; dzisiaj przyjęła się nazwa poręczniejsza: *Wesele* lub, jak ośmielono się napisać bezceremonialnie w moim angielskim katalogu, po prostu *Party*. Duża sala, z której wymieciono meble, ściany obite tkaniną bez ozdób, posadzka w czarno-białe kwadraty. Na tym obiektywnym tle nieprzyciągającym oka stoją goście ubrani z wyszukaną, to zna-

57

czy dyskretną, nieco sztywną elegancją — pomniki krawieckiego kunsztu, arcydzieła nożyc i igły. Wydaje się, że w środku cztery pary rozpoczynają jakiś bardzo wolny, senny taniec. W głębi po lewej stronie niewielka kameralna orkiestra; po prawej zapewne dostojni małżonkowie w pozycji siedzącej, mały chłopak, kilka osób za nimi i w cieniu na tle schodów prowadzących do górnych pokoi zarysy innych postaci. Kompozycja jest tak prosta, geometrycznie uporządkowana, rytmy proste, przeważnie pionowe, że obraz nie rozwija się przed oczami, jest zastygły jak płaskorzeźba. Tonacja czarno-szaro-biała. Zapamiętałem tylko jeden żywszy akcent kolorystyczny: młodzieńca, ściśle, jego obcisły kubrak z krótkimi rękawami, który ma barwę — ale właśnie jaką? coś między żółcią a czerwienią — na pewno złamaną „szafranową" (łososiową?) — nie wiem już teraz, wspomnienia kolorów są bardziej ulotne niż wspomnienia zapachów. Ów młodzieniec patrzy na nas — bez ciekawości, ale także bez odrazy, nakazuje dystans, jesteśmy całkowicie na zewnątrz obrazu, oddzieleni od tamtego świata nieprzeniknionym przezroczystym murem, nikt nas nie zaprosi do środka, możemy tylko podziwiać, jak przez szybę akwarium.

To bardzo dziwne wesele, bez cienia radości, bez jednego żywego gestu, uśmiechu, weselnej krzątaniny. Usunięto jadło i napoje, całą pospolitą codzienność, gwar i zapachy życia. Zaślubiny wydają się tylko pretekstem. W istocie Duyster ukazał uroczyste nabożeństwo ku czci dobrego smaku, nienagannych manier, apoteozę wykwintu. I to z całą powagą należną sprawom kultu, co prawda laickiego, gdzie bogowie, wyznawcy i kapłani stanowią jedną nierozerwalną całość.

Patrzmy, z jaką dystyngowaną, powściągliwą swobodą zebrani na obrazie Duystera goście obnoszą przed nami drogocenne koronki, kryzy, jedwabie, atłasy, wełny. Podziwiajmy znakomicie skrojone kamizelki, kaftany, kubraki, krótkie spodnie-culotty związane pod kolanami wstążką, jasne pończochy, a nade wszystko zabójcze miękkie kapelusze — noszone i formowane indywidualnie — o wielkich, fantazyjnych rondach. Poetyka stroju jest klasyczna, a zatem wieczna: prosta linia kroju, dyskretnie stonowany kolor, szlachetne zestawienia materiałów, oszczędny i troskliwy wybór dodatków, unikanie podejrzanej ekstrawagancji.

A więc to też jest Holandia — zupełnie inna niż ta „ludowa", „plebejska", do której przyzwyczaili nas malarze niezliczonych scen rodzajowych, pełnych wigoru, oparów tytoniu, pijanych łbów, bijatyk i wrzasków. Zatem Holandia patrycjuszy: „wielce możnych panów" regentów. Każdy francuski malarz, jeśli wziąłby już na warsztat ten temat, wyposażyłby go w nieprzepartą siłę komiczną. Mieszczanie przebrani za szlachetnych szlachciców i godni szyderstwa, ale tutaj są oni z braku innej „górnej warstwy" szlachtą, a nawet arystokracją czy, jeśli kto upiera się przy ścisłości — oligarchią władającą krajem.

Duyster pokazał ich w momencie wytchnienia, arystokratycznego *far niente*, kiedy zapomniawszy na chwilę o akcjach Kompanii Indii Wschodnich i cenach pieprzu, afirmują siebie, delektują się własną pozycją, wyjątkowym istnieniem, pozwalają muzyce odmierzać czas, konwersują na temat opatrzności, która według wszelkich znaków na ziemi lojalnie ich wspiera.

[Po tych słowach w maszynopisie następuje akapit ostatni, przekreślony:]

Czy nie jest dostatecznym tytułem do sławy, którcj poskąpiono Duysterowi, że utrwalił nie tylko powłokę zewnętrzną, ale esencję tej warstwy społecznej bardziej wymownie niż zapisy pamiętnikarzy? Ale jest on oczywiście przede wszystkim malarzem o własnym niepowtarzalnym stylu, a nawet filozofii, w moim przekonaniu malarzem znakomitym, osobowością wyrazistą. Odrębny od innych twórców swego czasu mówi własnym głosem, ściślej, półgłosem, często szeptem, co w pewnym stopniu tłumaczy, że nie został zauważony przez tych, którzy pojmują tylko ostentację, dosłowność, a wszystkie niuanse dla tych grubych uszu są niezrozumiałe. Niezgrabne mieszczuchy grają szlachetnie urodzonych.

Mistrz z Delft

...mój Sfinks van der Meer
Thoré-Bürger

Tym razem zło nie przyszło od strony morza.

Dwunastego września roku 1654 spokojne miasto Delft, miasto browarników i manufaktur fajansu, nawiedziła katastrofa, która na długo zapadła w pamięć jego mieszkańców. Z niewiadomych przyczyn (czasy były przecież preanarchistyczne) wybuchło 90 tysięcy funtów prochu strzelniczego złożonego w miejskich magazynach. Ponad 200 domów legło w gruzach, wiele osób straciło życie, w tej liczbie trzydziestokilkuletni najzdolniejszy uczeń Rembrandta — Carel Fabritius. Stało to się w jasny dzień. Fabritius malował właśnie portret zakrystiana Simona Deckera, który siedział zapewne na krześle odświętnie ubrany z wyrazem twarzy, jaki przystoi sługom świątyni. Po katastrofie wydobyto spod gruzów domu ciało malarza; żył jeszcze, ale wskutek odniesionych ran zmarł tego samego fatalnego dnia. Pozostało po nim zaledwie trzynaście obrazów, reszta uległa zniszczeniu w pracowni mistrza. Fabritius sprzedawał niewiele, ciężko borykał się z życiem, imał się zajęć mających niewiele wspólnego z malarstwem. Był z pewnością artystą uznanym, skoro drukarz i wydawca Arnold Bon poświęcił mu elegijny wiersz, w którym imię zmarłego łączy się z imieniem innego malarza, jakby gwiazda zagasła wołała gwiazdę wschodzącą:

Tak nagle spłonął Feniks wielka jest nasza strata
W połowie swojej drogi porzucił ziemski padół
Ale z jego popiołów ku naszej radości wstaje
Vermeer, który podąży ścieżką tego, co odszedł.

W takiej to retorycznej oprawie pojawiło się po raz pierwszy w druku nazwisko artysty, który nie podążał ścieżką Fabritiusa ani żadnego innego mistrza, zmarł w wieku określanym przez starożytnych mianem *akme*, a odkryty po dwóch wiekach zapomnienia, uznany został za największego obok Rembrandta malarza holenderskiego. Marcel Proust powie o nim „*un artiste à jamais inconnu... à peine identifié sous le nom de Vermeer*". W istocie wiemy o nim niewiele, tak jakby należał do grona prymitywów flamandzkich, którzy noszą imiona tajemnicze i piękne — Mistrz Haftowanego Listowia, Mistrz Deszczu Manny, Mistrz Świętej Krwi.

Szczegóły dotyczące osobistych losów ogromnej większości artystów holenderskich XVII wieku, jakie przekazały nam źródła, nie rozpalają wyobraźni i sprowadzają się najczęściej do suchego jak wyciąg z akt notarialnych rejestru dat i cyfr: urodził się dnia... był uczniem takiego to a takiego malarza... przyjęty do gildii św. Łukasza... daty ślubu i chrztu dzieci... śmierć wreszcie. I ona właśnie wbrew pozorom okazuje się najbardziej wielomowna. W archiwach przechowały się dokładne inwentarze spadkowe, dokumenty dotyczące procesów o schedę, a także — o hańbo — wykazy długów pozwalające domyślić się gorzkiej prawdy o życiu.

Spośród wielkich Vermeer jest malarzem najbardziej zagadkowym. I jego życiorys składa się z samych znaków zapytania. Kto był jego mistrzem? Na ten temat można snuć mniej lub bardziej prawdopodobne domysły. Dlaczego na mniej więcej czterdzieści znanych jego obrazów tylko dwa, dosłownie dwa noszą datę ręką artysty? Czy był aż tak bardzo pewien, że czas narodzin nie ma znaczenia, dlatego stworzone są, aby żyć wiecznie? Jak to się stało, że nie zachował się po nim żaden rysunek, żaden szkic do obrazu, żaden obraz niedokończony. Te „odpady" stanowiłyby bezcenne materiały do poznania metody mistrza. A korespondencja? Z pewnością jak inni pisał listy, więc dlaczego nie zachował się ani jeden, który by mówił o jego stosunkach rodzinnych, przyjaźniach i animozjach. Nasuwa się podejrzenie, że to nie los, ale sam artysta zacierał świadomie ślady swej ludzkiej egzystencji. Był malarzem ciszy i światła. Światło zostało w jego obrazach. Reszta jest milczeniem.

Istnieje wszakże zapis, z pozoru błahy, który pozwala wglądnąć w świat Vermeera. Cały epizod, opowiedziany jednym zdaniem, wymaga kilku słów komentarza. Otóż latem roku 1663 przybywa do Delft Balthasar de Monconys — lioński szlachcic, radca króla, podróżnik i adept alchemii w jednej osobie. Podróżnik na starą modłę, to jest taki, który wojażował nie od monumentu do monumentu, ale od ludzi do ludzi i w czasie swojej peregrynacji przez Italię, Anglię i Holandię zawarł wiele znajomości z wybitnymi przedstawicielami polityki, nauki i sztuki. W swoim *Dzienniku podróży* notuje, że odwiedził pracownię Vermeera, ale nie znalazł tam żadnego obrazu mistrza. Było to coś niezwykłego i łatwo zrozumieć podniecenie Monconysa, kiedy wreszcie odkrywa malowidło Vermeera u miejscowego piekarza. Targi. Piekarz obstaje przy cenie 800 guldenów; dla Francuza jest to suma zbyt wygórowana, w dodatku za obraz „przedstawiający tylko jedną osobę". Do transakcji nie dochodzi. Monconys odwiedził jeszcze kilku innych wybitnych malarzy, ale do domu wrócił bez obrazów. Harpagon pokonał miłośnika sztuki.

Historyjka jest na pewno autentyczna i da się z niej wysnuć trzy wnioski: Vermeer malował istotnie mało, ściślej mówiąc, bardzo długo, przeciętnie dwa obrazy rocznie, mógł zatem nie posiadać żadnego gotowego płótna na sprzedaż. Po drugie, nie zachował się żaden dokument, który by świadczył, że Vermeer sprzedał komuś swój obraz; natomiast oddawał je pod zastaw długów zaciągniętych u kupców, i to nie jubilerów, antykwariuszy czy złotników jak Rembrandt, ale kupców towarów spożywczych. Po trzecie, mimo biedy, jaka towarzyszyła mu w życiu, szacował swoje dzieła wysoko. Cena 600 guldenów za obraz (jak się głupiutko wyraził Monconys „przedstawiający tylko jedną osobę") była ceną, jakiej ośmielali się żądać tylko najwięksi.

Życiorys na miarę pisarczyka miejskiego szary i płaski. Gdyby nie obfita rodzina, można by powiedzieć ładniej: życie na miarę Kanta, tak bardzo poświęcone było budowaniu Dzieła. Żadnych podróży, żadnej wielkiej namiętności, która by dała znać o sobie w jakimś wybuchu nieposkromionej fantazji.

Urodził się w ostatniej dekadzie października (a więc pod znakiem Skorpiona) roku 1632. Do gildii św. Łukasza przyjęty w grudniu 1653, a w kwietniu tegoż roku żeni się z Katarzyną Bolnes. Związek, jak to się dawniej mówiło, pobłogosławiony został sporą gromadką — jedenaściorga dzieci. Vermeer był na pewno malarzem znanym i uznanym, skoro w ciągu swego życia czterokrotnie zasiada we władzach cechu malarzy. Ale ani godności, skromne zresztą, ani sława nie mają wpływu na ciężką sytuację materialną. Środki na utrzymanie licznej rodziny płynęły w niewielkim stopniu z malarstwa; uzupełniały je dochody z odziedziczonej po ojcu gospody i handlu obrazami.

Jak umierał? Umieranie jest częścią życia, a o jego życiu tak rozpaczliwie mało wiadomo. Miał zaledwie 43 lata. Czy powaliła go nagła niemoc i upadł na deski swej pracowni, trzymając w ręku mokrą paletę? Czy też konał w łóżku, obojętnie poddając się zabiegom cyrulików? A może stało się to w pokoju osłoniętym ciemnymi kotarami w momencie, kiedy dotarł do granic swojej sztuki — wtedy przychylni bogowie zabierają swoich wybrańców, by oszczędzić im nędzy, niemocy twórczej i starości.

Tak lub podobnie pisały w ubiegłym wieku „czułe serca" o doli artystów. A tymczasem u spodu była twarda buchalteria, pożyczki, kredyty, długi, słowem, nieubłagane cyfry i one to z całą natarczywością dały znać o sobie zaraz po śmierci artysty. Piekarz egzekwuje poważną sumę 617 guldenów, haarlemski handlarz dziełami sztuki, na zlecenie właścicielki straganu z żywnością, której Katarzyna Vermeer winna była 500 guldenów, zajmuje 26 obrazów znajdujących się w pracowni mistrza. Niecałe 20 guldenów za obraz było ceną skandalicznie niską, ale czasy były złe, wojna z Francją rujnowała gospodarkę holenderską, mnożyły się bankructwa, szalała inflacja, a to, co płacono za dzieła najwybitniejszych artystów, urągało zdrowemu rozsądkowi i poczuciu przyzwoitości.

Na dzieło Vermeera pada cień zapomnienia. Arnold Houbraken w swojej opasłej trzytomowej biografii niderlandzkich malarzy z roku 1719 nie wymienia wcale nazwiska twórcy Widoku Delft i potem można natrafić na drobne wzmianki o Vermeerze u podróżników i malarzy, ale nikt spośród tych, którym dane było zetknąć się z jego obrazami, nie zdawał sobie sprawy z rangi tego artysty. Odkrycie Vermeera, przywrócenie mu należnego miejsca w historii sztuki jest zasługą francuskiego dziennikarza i krytyka Thorégo (piszącego także pod pseudonimem Bürger). Była to postać nietuzinkowa, więc warto poświęcić mu chwilę uwagi.

Urodzony w roku 1807, po studiach prawniczych zostaje adwokatem, wkrótce jednak wciąga go bez reszty polityka i działalność publicystyczna. W artykułach, broszurach, pamfletach daje wyraz swym radykalnym republikańskim poglądom. Apostoł wolności prasy, wróg rządów czasów restauracji, osobisty nieprzyjaciel Ludwika Filipa, dosłużył się roku więzienia za publikację pracy *Prawda o partii demokratycznej*. Nieposkromiony, bierze czynny udział w rewolucji 1848. „Dziś będziemy tworzyć coś lepszego niż sztuka i poezja, będziemy tworzyć historię żywą" — to jego słowa. Po stłumieniu rewolucji zostaje skazany na 10 lat banicji. Osiada w Brukseli, gdzie oddaje się studiom nad malarstwem holenderskim.

Można by sądzić, że było to tylko *passe-temps* wygnańca skazanego na bezczynność. W istocie jeszcze za czasów paryskich Thoré interesował się żywo sztuką, przyjaźnił się z artystami — Delacroix, Diazem, Théodorem Rousseau, opracowuje słownik frenologii i fizjonomistyki na użytek artystów, pisze wnikliwe recenzje z Salonów — ale w Holandii odkrył swoją ziemię obiecaną. I nie był to przypadek.

W ciągu całej swojej działalności krytycznej Thoré przeciwstawia się ostro powszechnie wyznawanemu przekonaniu, że sztuka Włochów jest jedynym godnym naśladowania wzorem i miernikiem piękna. Do walki rzuca swych umiłowanych i niedocenionych Holendrów. „U Niderlandczyków człowiek natury — jakby to powiedziano w XVIII wieku — objawia się cały i potwierdza bez reszty takim, jakim jest w istocie, bez nimbu i aureoli. Sztuka Holandii mimo nieustannej presji cywilizacji łacińskiej pozostała mocno związana z ziemią i człowiekiem, podczas gdy Włosi, a za nimi wszystkie ludy zromanizowane, zatracają się w niebieskich fantasmagoriach".

Pracowite wygnanie Thorégo. Przemierza Belgię, Holandię, zapuszcza się do Austrii, Niemiec i Anglii w poszukiwaniu zapomnianych Holendrów. Musi przy tym pokonywać ogromne trudności: muzea, zwłaszcza holenderskie, znajdowały się w opłakanym stanie, dokumentacja naukowa dotycząca obrazów prawie nie istniała, szereg atrybucji było błędnych lub wątpliwych, archiwa stanowiły pokryte pyłem stosy nieuporządkowanych dokumentów. W dodatku Thoré jako „przestępca polityczny" nie mógł się swobodnie poruszać. „W tej sytuacji ekscentrycznej, ażeby podróżować — pisze w jednym z listów — i dotrzeć tam, gdzie wzywają mnie moje studia, zmuszony jestem posługiwać się paszportem mego starego przyjaciela".

Pozostanie tajemnicą serca, które ma swoje racje nieznane rozumowi, dlaczego Thoré, płomienny radykał i socjalista, wybrał za przedmiot swego uwielbienia, więcej — autentycznej miłości, właśnie Vermeera, w najwyższym stopniu subtelnego, chciałoby się rzec, arystokratycznego malarza holenderskiego. Może stało się tak dlatego, że był to artysta najbardziej pokrzywdzony przez historię, albo po prostu dlatego, że gusta artystyczne nie zawsze (na szczęście) idą w parze z poglądami politycznymi.

Pod koniec roku 1866 w trzech kolejnych numerach „Gazette des Beaux-Arts" Thoré ogłasza obszerny szkic o Vermeerze, który można uznać za pierwszą próbę monografii tego artysty. Gorzki jest los pionierów. Łatwo im dzisiaj wytknąć błędy i uproszczenia. Thoré utrzymywał, że Vermeer był uczniem Rembrandta, tak jakby jego geniusz potrzebował światła innej wielkości. W swojej szczodrobliwości przypisywał Vermeerowi autorstwo około 40 obrazów, które — jak się później okazało — nie były wcale dziełami Mistrza z Delft. Wszelako nikt poważny nie kwestionuje zasług odkrywcy.

Trudno było oczekiwać, że uznanie Vermeera odbędzie się bez oporu, a jego powrót z krainy zapomnienia będzie szybki i triumfalny. Proces beatyfikacji trwał czas jakiś. Dziesięć lat po ukazaniu się prac Thorégo nawet tak subtelny krytyk jak Fromentin zbywa go enigmatyczną uwagą: *„Il a des côtés d'observateur assez étrange"*. Jacob Burckhardt wyraża się lekceważąco o tych, jak mówi, *„die überschatzen Einzelfiguren des Delftschen Meer: Briefleserin, Briefschreiberin und ähnliches"*. To można jeszcze dobrze zrozumieć: Burckhardt, wielbiciel sztuki klasycznej i sztuki Włochów — nie był zbyt czuły na uroki malarstwa niderlandzkiego. Są to dwa różne światy w istocie trudne do pogodzenia. Sam to sprawdziłem na sobie: im bardziej zagłębiałem się w obrazy Holendrów, tym bardziej gasły dla mnie obrazy Włochów — wydawały mi się wówczas zbyt słodkie, ostentacyjnie kolorowe i powierzchowne. Tylko najwięksi — Giotto, Piero della Francesca, Bellini — nie podlegali procesowi przemiany widzenia.

Prawdziwy renesans Vermeera nastąpił w epoce impresjonistów. Nowi poszukiwacze światła mogli uznać go za swego wielkiego poprzednika i patrona. I tak się dzieje prawie zawsze: wielki artysta przeszłości jest dopiero wtedy w pełni doceniony, jeśli jego dzieła współbrzmią z tendencjami rodzącej się sztuki. Van Gogh w jednym ze swoich listów do przyjaciela Bernarda daje taką oto kapitalną charakterystykę sztuki Mistrza z Delft. Uwagi dotyczą obrazu *Czytająca list*, znajdującego się obecnie w Muzeum Królewskim w Amsterdamie. „Czy znasz malarza o nazwisku Vermeer? Namalował on pełną godności i piękną postać jakiejś ciężarnej Holenderki. Skala kolorów składa się z błękitu, cytrynowej żółci, perłowej szarości i bieli. Co prawda w nielicznych jego obrazach, jakie posiadamy, można znaleźć barwy całej malarskiej palety; mimo to zestawienie cytrynowej żółci, zgaszonego błękitu i jasnej szarości jest u niego najbardziej znamienne; tak jak Velázquez, który wiąże w harmonię czerń, biel, szarość i kolor różowy... Holendrzy nie mieli fantazji, ale ich smak i zmysł kompozycji były niezawodne".

Ironia historii sprawiła, że zaraz po II wojnie światowej nazwisko Vermeera, który za życia nigdy nie dbał o rozgłos, pojawiło się nawet w brukowej prasie w związku z aferą o fałszerstwo, najgłośniejszą ze wszystkich tego rodzaju afer.

Otóż, Han Antonius van Meegeren — holenderski malarz niedoceniony przez krytykę — postanowił zemścić się na tych, którzy ustalają kanony tego, co dobre, a co złe w sztuce — fabrykując fałszywe vermeery. Jego falsyfikaty sprytnie podsuwane przez pośredników i malarzy znajdowały nie tylko bogatych odbiorców, którzy płacili za nie bajońskie sumy, ale także muzea, gdzie nie brak było przecież wybitnych rzeczoznawców.

Proceder trwałby zapewne długo, gdyby nie wojna. W jej końcowej fazie wojska alianckie odkryły na terenie Austrii ogromne magazyny arcydzieł sztuki zrabowanych przez hitlerowców, w tej liczbie nieznane vermeery należące do kolekcji Goeringa. Sprawa była niebagatelna. Chodziło teraz o to, aby jak najszybciej wykryć sprawcę, który korzystając z okupacji, ośmielił się sprzedawać wrogowi arcydzieła sztuki narodowej. Wszczęto dochodzenie, które doprowadziło na ślad van Meegerena. Osadzony w więzieniu pod zarzutem kolaboracji wyznał, że to on jest autorem zakwestionowanych płócien. Nikt nie dał temu wiary. Największe autorytety naukowe podpisały atesty gwarantujące autentyczność podrobionych vermeerów. Postać tego nieszczęśliwego kochanka sztuki godna jest powieści i współczucia. Od losu dostawał zawsze to, na czym mu najmniej zależało. Ojciec zmusza go do studiowania architektury, on sam marzy o tym, że będzie kontynuatorem Rembrandta, Halsa, Terborcha. Nie chce być artystą dobrym, chce — bo to tylko liczy się w sztuce — być wielkim. Po studiach inżynieryjnych kończy Akademię Sztuk Pięknych, niezbyt jednak błyskotliwie; omal nie przepadł przy egzaminie końcowym. Jakim był malarzem? Rozpaczliwie przeciętnym. Jego sceny religijne, które malował z upodobaniem, sąsiadują z nabożnym kiczem. Nie można zatem dziwić się krytyce, że nie powitała jego wystaw z entuzjazmem.

Obrażony na własną ojczyznę wyjeżdża na południe Francji, gdzie zbija spory mająteczek, malując „salonowe portrety" zamożnej klienteli. Tak więc van Meegeren był fałszerzem osobliwym, nie działał bowiem z chęci zysku. Główne motywy, jakie pchnęły go do tego procederu, były natury psychicznej — urażona ambicja artysty i chęć odwetu za lata upokorzenia. Budzi podziw, a jednocześnie lęk owa zimna, wykalkulowana pasja, to ciemne, złowrogie, chciałoby się rzec, negatywne posłannictwo, z jakim van Meegeren konstruuje swoją piekielną machinę. Ma wysadzić w powietrze znienawidzony świat „kompetentnych znawców sztuki". Jego rozumowanie było proste: jeśli ci wszyscy profesorowie, kustosze i krytycy nie potrafią odróżnić Vermeera prawdziwego od podrobionego, mylą się zapewne w sądach o mojej sztuce. W swojej logice szaleńca jednego nie wziął pod uwagę: utalentowani fałszerze są zwykle mizernymi artystami.

Długie lata samotnej, upartej pracy van Meegerena. W swojej willi koło Nicei, strzegący tajemnicy jak alchemik, z ogromnym znawstwem przedmiotu odtwarza całą „kuchnię", cały warsztat malarzy XVII wieku — ich pędzle, farby, oleje, werniksy. Kupuje także płótna i ramy z epoki Vermeera. Mistyfikacja jest niemal doskonała. Największe autorytety uznają falsyfikaty za dzieła Mistrza z Delft.

Po długim i dramatycznym procesie van Meegeren skazany na rok więzienia (za fałszerstwo; zarzut kolaboracji uchylono) umiera w zakładzie penitencjarnym. Sprawa jednak bynajmniej nie wygasa ze śmiercią protagonisty. Jeszcze dziesięć lat toczą się zaciekłe spory i kontrowersje historyków, konserwatorów, rzeczoznawców. Dzieło Vermeera pozostało nietknięte tą całą burzą. To nad światem znawców unosi się szyderczy cień van Meegerena. Rotterdam, muzeum Boymans-van Beuningen. Tuż koło schodów prowadzących na pierwsze piętro, a więc w miejscu niezbyt honorowym wisi obraz zatytułowany *Chrystus w Emaus*. Dzieło nie figuruje w katalogu. Brak tabliczki, na której wypisane jest zwykle nazwisko twórcy płótna, a także daty jego urodzenia i śmierci. Dopiero po dłuższej inwestygacji dowiedziałem się, że obraz został zakupiony w roku 1938 na podstawie gwarancji dra Brediusa, za ogromną sumę przeszło pół miliona florenów, jako późno odkryty, ale niewątpliwy Vermeer. Fala powszechnego entuzjazmu powitała to odkrycie.

I znów zwyciężył autorytet. Nieliczne głosy tych, którzy zgłaszali zastrzeżenia co do autentyczności płótna, zostały zlekceważone. Abraham Bredius — wieloletni dyrektor królewskiej galerii malarstwa w Hadze, wytrawny kolekcjoner, autor szeregu katalogów i monografii artystycznych, wydawca monumentalnego zbioru źródeł do historii malarstwa holenderskiego XVI, XVII i XVIII wieku — nie mógł się mylić.

Istnieje jednak metoda, która wprawdzie nie figuruje na liście „naukowo uprawnionych" (a może w ogóle ona nie istnieje, a zatem należałoby ją wymyślić), która opiera się na ogólnym wrażeniu dzieła jako całości, na ekspertyzie nieuprzedzonego oka. Oto, co mówi moja amatorska ekspertyza.

Chrystus w Emaus. Stół nakryty białym obrusem; w centrum układu kompozycyjnego Jezus z niebieską opończą zarzuconą na ramię błogosławi chleb. Za nim stojąca postać kobiety. Na pierwszym planie dwaj apostołowie. Po lewej stronie obrazu (jak zwykle u Vermeera) ukazany fragment okna, przez które pada światło.

Nieuprzedzone oko bez trudu odkrywa, że obraz składa się z części o nierównej wartości artystycznej. Martwa natura zrobiona jest po mistrzowsku: ziarnista, wypieczona skórka chleba, na której zatrzymały się okruchy światła (Vermeerowska technika *pointillé* znana z wielu jego obrazów); szkło, cynowe talerze o połysku rybiej łuski, a także chłodny, biały dzbanek na wino wykonane są bezbłędnie w stylu malarzy holenderskich XVII wieku, którzy tak niezrównanie potrafili oddawać różnorodną materię przedmiotów. Gorzej jest z postaciami. Są one ciężkie, jakby ulepione były z gliny, jakby wypełnione były bezduszną masą. Nie malowała ich na pewno ręka lotna, ręka na usługach wewnętrznego oka, posłuszna wizji, lecz ktoś, kto pracowicie odrabiał zadany sobie schemat kompozycyjny. Dlatego z obrazu wyparowało całe misterium, tajemnica, duchowość, a zastąpiła je łatwa, powierzchowna teatralność na poziomie prowincjonalnych pasyjnych widowisk.

A z tłem jest już całkiem źle. Ściana zamykająca przestrzeń malarską jest głucha i bez wyrazu. To się nigdy nie zdarza u Vermeera. I w dodatku przez okno wpada cukierkowe, różowe światło, co nawet umiarkowanych wielbicieli Vermeera powinno wyprowadzić z równowagi.

Ekspertyza nieuprzedzonego oka jest zatem jednoznaczna: fałszerstwo.

II.

Dzieła artysty, którego całe życie upłynęło w murach rodzinnego miasta, rozsiane są teraz po całym świecie. Żadne przedsiębiorstwo turystyczne nie organizuje podróży, które dawałyby szansę zapoznania się z całą twórczością Vermeera. Byłaby to zresztą peregrynacja długa i kosztowna. Turysta współczesny kupuje rzeczy najgłośniej zachwalane — i to po jednym egzemplarzu: piramidę Cheopsa, Niagarę, Kaplicę Sykstyńską — bo potem może spokojnie powiedzieć, że zna wszystkie wielkie budowle, wszystkie szaleństwa przyrody i wszystkie sprawy ostateczne.

Przed wielu laty, w nieprawdopodobnym tłoku i gorączkowym podnieceniu widziałem zorganizowaną w Petit Palais w Paryżu wystawę Vermeera. Zgromadzono na niej kilkanaście, i to nie najwspanialszych, płócien Mistrza z Delft, ale i tak ekspozycja była rewelacyjna. Wiadomo, że na takie okazje trzeba czekać co najmniej sto lat.

Tak więc do Vermeera trzeba pielgrzymować tak, jak się pielgrzymuje do miejsc świętych. Droga, jak się rzekło, długa, prowadzi przez Wiedeń, Drezno, Berlin, Frankfurt, Paryż, Amsterdam, Hagę, Londyn, Edynburg, Nowy Jork, Waszyngton — aby wymienić tylko główne postoje tej imaginacyjnej peregrynacji.

Los sprzyjał mojemu uporowi. W ciągu kilkunastu lat dane mi było dotrzeć do wszystkich (prawie wszystkich) obrazów Vermeera. Czy je znam? Odpowiedzieć twierdząco byłoby czystą zarozumiałością. Wydaje mi się jednak, że w czasie tych kwadransów, kiedy cierpliwie stałem przed jego płótnami, doznawałem łaski nie tylko olśnienia, ale odsłaniały one przede mną część swoich sekretów.

Potem zabierano mi te obrazy, zabierano na zawsze. Pamięć jest niewierna i nigdy nie rozumiałem jej okrutnego mechanizmu selekcji. Tylko nieliczne płótna zdołały obronić się przed niszczycielską siłą czasu i oddalenia. Najczęściej pozostawało we wspomnieniach trudne do ujęcia w słowach wrażenie ogólne: tonacja kolorystyczna, nasycenie światłem, rytm układów przestrzennych. Albo oderwane od całości i utrwalone z niezwykłą wyrazistością fragmenty: stół pokryty wzorzystym dywanem, ściana z pozoru szara, pod którą przebiegają fale delikatnych zieleni i żółci, półotwarte okno, krzesło obite ciemnoszafirową materią czy biała plamka światła na wargach uśmiechniętej dziewczyny.

Naturalnie, wyrzucałem sobie te moje braki wyobraźni odtwórczej. Niepokoiło mnie pytanie, dlaczego właśnie Vermeer, którego admirowałem bardziej niż jakiegokolwiek innego malarza holenderskiego, stawia tak zdecydowany opór, nie dopuszcza do zażyłości i raz widziany nie zapada w pamięć na zawsze. Czy była to tylko moja wina, zaniedbanie, nieudolność? Czy też w jego malarstwie było coś istotnie nieuchwytnego.

Podobnie jak inni pocieszałem się reprodukcjami, które miały wspomagać zawodną pamięć. Ale one wszystkie, a zwłaszcza te robione najbardziej nowoczesną techniką obiecującą „absolutną wierność", trąciły fałszem. Były pozbawione głębi, dźwięku, światła, jak gipsowe odlewy zdjęte z żywych jeszcze twarzy. Przypominały nieudolne tłumaczenia pięknych poematów — można się było od biedy domyślić treści, ale cała istota, czyli poezja, uległa zniszczeniu. Obcując z nimi, było się w sytuacji kogoś, kto znalazł się w teatrze, siedzi w pierwszym rzędzie widowni w napiętym oczekiwaniu na wielki monolog wielkiego artysty, który milczy jak zaklęty, a do uszu dochodzą tylko nerwowe szepty suflera. Zdaję sobie sprawę, że opisywanie obrazów Vermeera jest zajęciem beznadziejnym. Jest to malarz małomówny, niewylewny, zamknięty, nietowarzyski. Gatunek uczuć, jakie w nas budzą jego obrazy, trudny jest do określenia. Nie ma w nich żywiołowego optymizmu Halsa ani także bliskiej sercom romantyków melancholii krajobrazów Ruisdaela. Wiemy, że nie posiadał najdalszych choćby artystycznych krewnych poza Pieterem de Hooch i żadnych uczniów czy naśladowców, którzy najczęściej kompromitują dzieło mistrza i w ten sposób pozwalają ujawnić słabe strony jego metody twórczej, a także oswoić się z nią.

Kontakt z wielkością nakazuje skromność. Myślę, że będzie rzeczą najstosowniejszą, jeśli opowiem po prostu o mojej podróży do Vermeera i o tych jego obrazach, które mnie najbardziej poruszyły.

Drezno. *U kuplerki* jest jednym z nielicznych podpisanych i datowanych dzieł Vermeera. Rok 1656 wskazuje, że jest to najwcześniejszy (lub wyrażając się ostrożnie, jeden z najwcześniejszych) z obrazów artysty. Zaiste imponujący debiut! Młody malarz był wówczas pod wpływem szkoły utrechckiej, czerpiącej inspiracje z twórczości Caravaggia, co głównie manifestowało się w używaniu (i nadużywaniu) efektów światłocienia, barokowych zasad kompozycji i ostentacyjnej bujnej kolorystyki.

Obraz bardzo różny od późniejszych, dojrzałych dzieł mistrza, malowany szeroko, z rozmachem i epicką werwą. Czerń tak rzadko używana w malarstwie Vermeera kontrastuje z pełnymi, nasyconymi kolorami żółci, czerwieni i skąpych bieli i zieleni. Jeśli można w tym obrazie odkryć pewne cechy debiutanckie, to chyba w układzie kompozycyjnym, w zbytnim zaufaniu do wypracowanych już podziałów przestrzennych i kolorystycznych — ciemna, zgaszona prawa strona obrazu, świetliście barwna strona lewa; horyzontalna linia stołu dzieląca obraz na dwie części; wreszcie trzy „postacie dramatu" ujęte w formę trójkąta.

Ale zanim moje oko powędrowało w stronę dramatu, co wydaje się przecież naturalne (zaspokoić przede wszystkim ciekawość tym, co się dzieje w obrazie), uwagę moją pochłonął znajdujący się

71

na pierwszym planie stół przykryty wzorzystym dywanem. Zajmował on niemal połowę obrazu. Był jak mur, po którym pnie się zieleń i geometryczne czerwone i żółte kwiaty. Na szczycie tego muru leżał płaszcz podbity futrem, ciężki i czarny jak żałoba. (Dopiero znacznie później zrozumiałem, dlaczego Vermeer wznosi przed widzem te swoje barykady przedmiotów).

Osoby dramatu lub raczej obyczajowej przypowieści: dziewczyna w białym koronkowym czepcu, ubrana w obcisły żakiet z dużym dekoltem. Cytrynowożółty kolor żakietu jest tak intensywny, że promieniuje na całość jak żywe źródło światła. Uroda dziewczyny jest naprawdę zniewalająca, choć nie jest to piękność klasyczna, przeciwnie, wspaniale pospolita, rustykalna, mocna, triumfująco witalna. Owalna twarz zakończona energicznym podbródkiem, bardzo duże czerwone usta, ciepłe policzki i ciężkie powieki zasłaniające oczy. Renoir, którego modelki mają w sobie podobną ociężałą słodycz, był wielbicielem tego obrazu i jakby z żalem pisał o tym, że bohaterka Vermeerowskiego płótna wydana jest na łup „niskich żądz". Wbrew jednoznacznej tematyce obrazu ta młoda istota wygląda tak, jakby była najbardziej przyzwoitą kobietą.

Nie ma jednak wątpliwości, że scena przedstawia to, co w suchym języku prawników nazywa się stręczeniem do nierządu. Za dziewczyną stoi żołnierz w kapeluszu o miękkim szerokim rondzie, spod którego opadają na ramiona gęste włosy. Ma na sobie czerwony kaftan (symbolika kolorów jest tu banalnie jednoznaczna). Lewą ciężką łapę położył na piersi dziewczyny posesyjnym gestem; prawą ręką odlicza monety, które rzuca na wyciągniętą dłoń wybranki — to spotkanie rąk odbywa się w samym środku obrazu i świadczy o tym, że młody artysta posługiwał się jeszcze mało wyrafinowanymi schematami kompozycyjnymi.

Za plecami pary — stręczycielka w czarnej chuście wysoko upiętej na głowie, o twarzy brutalnej, lustruje świdrującym spojrzeniem transakcję. Jest to zupełnie wyjątkowy w całej twórczości Vermeera portret, tak jakby w nagłym porywie gniewu i rozpaczy ów malarz cichego liryzmu postanowił ukazać twarz Zła. Kuplerka przywodzi na myśl wiedźmy Goyi, chociaż jej pospolite rysy nienapiętnowane są znakami piekielnych mocy. Zło jest banalne. Demony drzemią jeszcze w ciałach ludzkich.

72

Kompozycję zamyka postać muzykanta. Ma duży, czarny, fanta-
zyjnie założony na głowie kapelusz, czarny strój z bufiastymi rękawami. W lewej ręce trzyma szklankę wina, w prawej lutnię.
Patrzy w stronę widza (w większości swoich obrazów Vermeer
zabraniał swoim modelom takiego spoufalania się ze światem
zewnętrznym). Muzykant szczerzy zęby w uśmiechu. Dziwny to
uśmiech.

Niektórzy badacze Vermeera dopatrują się w postaci owego muzykanta autoportretu samego mistrza, a cała scena *U kuplerki* ma
być, ich zdaniem, czymś jakby kartką wyrwaną z intymnego pamiętnika. Nie jest to zatem zwykły obraz rodzajowy, jakich wiele
w malarstwie holenderskim, ale zapis osobistego dramatu. Piękna
dziewczyna ma być żoną Vermeera, żołnierzem — „ten trzeci", który burzy harmonię stadła, kuplerką zaś — teściowa artysty. Roz-
dzieliwszy w ten prosty sposób role (niby w *commedia dell'arte*),
interpretatorzy nie mówią wyraźnie, czy chodzi tu o jakiś konkret-
ny, a zatajony epizod z życia malarza, czy raczej artystyczną subli-
mację obsesyjnych niepokojów człowieka, którego trawi obawa
o wierność żony. Cała ta interpretacja trąci tandetną psychoanalizą
i nic nie wnosi do zrozumienia Vermeera malarza i człowieka.

Następny etap: Paryż. Zawsze miałem wrażenie, że Holendrzy
czują się w Luwrze nieswojo, dlatego słusznie umieszczono ich
w bocznych galeriach, z dala od marmurów, stiuków, wielkich sal,
całego pałacowego przepychu i świetności, pośród których barokowe płótna i dworski klasycyzm zdają się panować niepodzielnie.
Tutaj najlepiej można zrozumieć odrębność szkoły holenderskiej,
jej szepty, ciche zwierzenia, skromność. A także mniej dziwna
wydaje się reakcja Ludwika XIV, który na widok obrazów Tenier-
sa powiedział z pogardą: „*Otez-moi ces magots de là!*".

II. Wiersze, proza poetycka

Sen Pana Cogito

wtedy przyspieszył kroku
w wilgotnej ręce zaciskał
kartkę wydartą z zeszytu
na niej listę sprawunków

kupić
sznurowadła
cztery gromnice
kilo pierza
na kołdrę dla ciotki
która umarła w zimie
i teraz marznie

        było pusto

kupić
klucz
okucie do okien
okucie do drzwi

        domy były pokryte
        martwym blaskiem

kupić
zegar
chryzantemy

        z dachów staczała się
        ciemność

kupić
łańcuch
Amphitheatrum Aeternae Sapientiae

werwenę
ocet

zaczął prawie biec
zbliża się godzina
zamykania sklepów
zatrzaskiwania wiek

Pan Cogito sen-przebudzenie

szła nieruchomym krokiem jak źródło
ubrana była w suknię z kamyków
w światło brzozowe w korę poranka
po prawej stronie szedł świt po lewej
szła ścieżka tak więc szły — czas i miejsce

nie ja krzyknąłem i odtrącony
upadłem w jawę więc teraz szukam
laską zapałki spoconą ręką
między lekarstwem listem na sen
a jej powidok na pustych oczach
szeleści makiem pachnie jak powróz

Z erotyków Pana Cogito

Kasztelanko mych palców pani moich włosów
władczyni punktów bólu mej ogromnej skóry
Aniele mego żebra podstępnie zabrana
kiedy spałem złożywszy skrzydła mych łopatek

na długiej strunie moich jelit
na czarnym gardle mego głodu
na kobzie płuc na bębnie brzucha
leży owalny kamyk ciszy

związaną sznurem mego snu przywlokę ciebie
mrówczy dotyk otworzy sypką jamę ciała
i odtąd będzie jeden oddech
i jeden jak chorągiew krzyk
z wysokiej wieży kręgosłupa

Czapka Monomacha

Dawniej była jedna. Tak jak należy. Teraz — mówią — jest ich mnóstwo w każdej guberni — mówią. A wszystkie podobne do siebie — mówią — i ukryte starannie pod krzakiem łopuchu, wśród łajna i obgryzionych kości, żeby nikt się nie połasił. Po co to komu — Bóg raczy wiedzieć. Ale są ponoć jeszcze tacy, którzy do niej uśmiechają się we śnie — do tego skręconego drutu, materii spłowiałej jak stary bandaż, do której przyszyta jest ukradziona perła. Dawniej była jedna. Tak jak się należy. I wszyscy wiedzieli jak i co. A teraz nie wiadomo komu życie a komu śmierć.

Contra Augustinum Pontificem
in Terra Nubica Peccatorem in Purgatorio

A jednak święty. Biskup Hippo. Płomień.
Biały od upału pisze stylem zwinnym
uwodzicielskim piórem z ognia zdania z ognia
a nade wszystko to bluźniercze
ama et fac quod vis.

Przez wieki będzie to bojowe zawołanie
gwałtownych tych którzy przechodzą łatwo po kładce
    nad przepaścią
tych którzy przechodzą od czułego szeptu
do wrzasku centurionów wrzasku bitwy wrzasku zabitych.

Już nie odwoła tego zdania. Na nic
trwożne milczenie synodów klątwa w powietrzu
wysiłek scholarów żeby coś jednak ocalić.

Tedy my którzy w tej samej szkole zbrodni popełnionych
    w dobrej intencji
uczyliśmy się stopniowania — ciemne — ciemniejsze — nicość
jasne — jasne — uniesienie

módlmy się za niego.

Bez tytułu

Barbarze Toruńczyk

1.
Mój Boże,
   jak ja go strasznie kochałem
   bardziej niż ojca i mamę
   bardziej niż Wojsko Polskie i lody waniliowe
   szedł zawsze
   pół kroku za mną
   czułem na plecach jego ciepły oddech
   słyszałem jak jego skrzydła ocicrają się o siebie
   delikatnie i cicho jakby
   dwie wstążki jedwabiu rozpoczynały rozhowor z sobą
   modliłem się do niego jak do boga
   wszystkie dzieci cierpią na politeizm
   nigdy nie patrzyłem na niego
   nie był mi dany jako wrażenie zmysłowe
   był raczej stanem świadomości
   chociaż na dobrą sprawę na podstawie
   materialnych dowodów (obrazek: pamiątka po pierwszej
                                                        komunii)
   wiedziałem jak wygląda
   niebieskooki rosły blondyn
   z gwiazdą na czole
   prowadził mnie przez wąską kładkę
   nad urwiskiem
   więc go kochałem
   wierzyłem mocno że będziemy razem
   całe życie od krzyku narodzin
   do nagłej i niespodziewanej

2.

Zaraz
na początku wojny
ulotnił się
tak ulotnił
inaczej tego
nie potrafię określić

pytałem rówieśników
zgodnie potwierdzili

że im także
~~nagle~~ zdarzyło się to samo

pewnego ranka
zaraz na początku wojny
~~stwierdzili jego~~   stwierdziłem po prostu
~~nieobecność~~   jego nieusprawiedliwioną
                           absencję
ulotnił się
jak zapach z pustej butelki

jak prześwietlona fotografia
na której
miał być Wysoki Zamek
łąka i
babcia pod kolorowym parasolem

jak odcisk
głowy
na poduszce
realny
i niepojęty

jak zgubiona
legitymacja
świadectwo szczepienia ospy

3.

pytałem rówieśników
im zdarzyło się to samo

tłumaczyli
że zaraz na początku wojny
aniołowie — stróże
zostali wezwani
do Centrali
wszyscy
— rozumiecie —
wszyscy bez wyjątku
        — odwołani

ale najgorszy był
nie brak anioła
ale to że
pogodziłem się z tym brakiem
bez buntu
bez jednej łzy żalu
był — a teraz go nie ma
kochałem — przestałem kochać

3.[sic]

wspominam to wszystko	wspominam to wszystko
u schyłku stulecia hańby	u schyłku dnia
i stulecia hańby	u schyłku stulecia hańby
na brudnym przedmieściu	na zakazanym przedmieściu
w brudnej knajpie	w uroczej knajpie
Pod Kombatantem	Pod w oranżerii prochu brudu
przy cynowym barze	
pochylony nad kieliszkiem	
przychodzą tutaj	
tacy jak ja	
siwi chłopcy — z lasu	

mamroczą coś
bez sensu
gestykulują   gestykulują
śpiewają   sobaczą
żeby tylko zagadać   żeby tylko zagadać pustkę
pustkę

jesteśmy jak przysłowiowe dziecko
wylane z kąpielą
jak
pobielone groby
jak ciała pod betonem

patron
baru Pod Kombatantem
zwalisty i trochę cham   z twarzą wiecznego
patrzy na mnie spode łba   sierżanta
                             (kaprala) KAPRALA
a właściwie nie na mnie
tylko na mój kieliszek

i kiedy dopijam do końca
wodę zapomnienia
dolewa mi troskliwie

wie że tacy jak ja
płacą za wszystko

a więc dolewa
z wielkiej butelki
dolewa chociaż
nie prosiłem   zamawiałem

zbliża się do mnie
kocim ruchem
milczący i obojętny
słychać jak melodyjnie śpiewają

protezy ~~jego amputowanych nóg~~

obu amputowanych nóg

syreny obu jego
amputowanych

nagłe
postanowienie poprawy
że to już ostatni kieliszek

a jednocześnie pewność
że to nie będzie ostatni

na końcu
seansu jeśli
tego wieczoru mam szczęście

coś jednak
zjawia się
coś majaczy
coś napomina z oddali

cicho jak głos jedwabiu
>
ktoś jakby
machał do mnie ręką >
z ostatniego peronu
Rzeczywistości

i może to złudzenie
bo bardziej czuję niż widzę
że ktoś do mnie macha ręką
z ostatniego peronu
rzeczywistości

[Z lewej strony na wysokości 12. linii od końca inna wersja:]
tedy na końcu seansu
w barze Pod Kombatantem
jeśli mam dużo szczęścia

pośród
ocalałych żołnierzy
pułku pod wylanym z kąpielą
dzieckiem

pośród gryzącego dymu
i pijackiego szczebiotu

coś jednak
powraca
jawi się
majaczy
     wspomina

coś napomina
cichym głosem jedwabiu
     ktoś jakby dawał mi znak ręką
     z ostatniego peronu wszechświata

Narcyz

Wbrew legendzie, która przypisuje mu wielką urodę, Narcyz był pospolitym chłopakiem o wulgarnych rysach, nieczystej cerze, szerokich barach i długich kończynach. Przypominał do złudzenia owych głuptasów z elektryczną gitarą lub filmowych bohaterów poszukujących daremnie sensu życia na dnie pustej duszy, którzy po idiotycznych perypetiach marnie kończą, a trzeźwy widz pamięta z tego galimatiasu picia, łóżkowania, bijatyk — tylko markę samochodu, jaki zawiózł ich dobrotliwie w przepaść. Najbardziej wiarogodny portret Narcyza przekazał nam Caravaggio. Obraz wisi teraz w Villa Borghese i przedstawia ulicznika, jednego z tych, którzy zabijają swego dobroczyńcę deską z płotu. Ulicznik pochyla się nad kałużą. Caravaggio znał się na tym. Można mu wierzyć.

Z braku innych zainteresowań Narcyz dedykował swoje życie łamaniu serc. Brutalny i cyniczny — argotyczna odmiana człowieczeństwa — był ulubieńcem naiwnych dziewcząt, a nawet dojrzałych kobiet, które gustują w tego rodzaju osobnikach, spodziewając się Bóg wie czego, zapewne ostatecznego udomowienia. Mógł zatem liczyć na długą artystyczną karierę. Jednakże brutalność i głupota potrzebują spoiwa, trzeciego pierwiastka, by stworzyć trwałą molekułę charakteru. Tym pierwiastkiem jest najczęściej sentymentalizm.

Więc i on się zakochał.

Wybranka nosiła imię Echo. Miała nieduże oczy, o trudnej do określenia barwie, małe usta i uszy. Poza tym była kaleką.

Trudno określić wyjątkową karnację jej ciała, zresztą wyraz „karnacja" jest tu nie na miejscu, ze względu na źródłosłów, który sugeruje — mięso. Echo była blada, na pograniczu upiorności, bladością rybią, niemą, wodnistą. Sprawiała wrażenie, że gdyby ktoś wbił w nią ostre spojrzenie — czego nikt z litości nie robił — odkryłby bez trudu pod cienką gazą skóry jej delikatną ossaturę i małe trzepoczące serce. Od czasów wyprawy trojańskiej aż do początków III wojny światowej nikt, ale to dosłownie nikt, nie zarzucał włosów na tył głowy tak jak ona. Oszałamiająca wspaniałość tego zjawiska mogła zniweczyć lata ascezy każdego pustelnika. A działo się to bez pomocy rąk, poczynając od obrotowego ruchu chudej szyi, tak szybkiego, że wymykał się uwadze, potem krótka, pełna napięcia pauza, przegięcie całego ciała, jasne włosy spadały falą na ramiona, czekając tylko na stosowny moment, aby powrócić na swoje miejsce i znów przesłonić czoło i oczy, nadając twarzy wyraz tajemniczy, zwierzęcy, a jednocześnie wygląd ofiary, co z obleśnym zamiłowaniem odtwarzał Greuze i inne rokokowe świntuchy.

Nieodparty urok zjawiska Echo wyrażały najlepiej potoczne, często powtarzane na sam jej widok uwagi — „ona naprawdę nie zdoła zrobić o własnych siłach dziesięciu kroków" lub „nie przetrwa tej zimy, jeśli nie wesprze jej czyjeś mocne ramię".

Jak określić kalectwo Echo? Mówiono o niej — niemowa, ale jest to określenie mało precyzyjne. Echo bowiem powtarzała dokładnie i bardzo wyraźnie ostatnie dwa wyrazy kończące zdania, jakimi się do niej zwracano. Nigdy natomiast nie mówiła z własnej inicjatywy. Zgadzało się to całkowicie z jej naturą — powolną, flegmatyczną, uległą.

Miłość Narcyza do Echo zaczęła więdnąć od momentu, kiedy chłopak doszedł do przekonania, że staje się coraz bardziej uzależniony od swojej wybranki, czyli traci wolność. Uroki opiekuństwa zbladły. Narcyz uroił sobie, że Echo rujnuje mu życie duchowe. Nic w tym nadzwyczajnego — wielu świetnie zapowiadających się młodzieńców rzuca studia na wyższej uczelni, twierdząc, że wszyscy profesorowie to głupcy, w czym jest może cząstka prawdy, ale nie należy pochopnie generalizować, albo też występuje z trzaskiem z Kościoła, aby zapisać się do jakiejś obskurnej sekty, obwieszczając światu, że tradycyjny Bóg Ojciec haniebnie zawiódł pokładane w nim nadzieje.

Nastąpiło zerwanie. Narcyz nie wrócił do swych dawnych zajęć. Zaczął rozmyślać.

Echo natomiast wstąpiła do klasztoru natury. Innych klasztorów podówczas nie znano. Kiedy jary, parowy, leśne ostępy i polany nawiedzają grupy dziwnych ludzi objuczonych pieczonymi kurami, butersznytami i jajami na twardo — niewidzialna Echo towarzyszy tym eksploratorom, powtarzając ostatnią sylabę ich donośnych pohukiwań. Można powiedzieć, że z rozpaczy stała się stewardesą przyrody.

A Narcyz, jako się rzekło, dumał.

Tkanina

Bór nici wąskie palce i krosna wierności
oczekiwania ciemne flukta
więc przy mnie bądź pamięci krucha
udziel swej nieskończoności

Słabe światło sumienia stuk jednostajny
odmierza lata wyspy wieki
by wreszcie przenieść na brzeg niedaleki
czółno i wątek osnowę i całun

Epilog burzy

1.
[...]

już odpływa okręt jeszcze trochę go widać
jest jakby zając który skacze w gęstej trawie morza
skorzystałem z zamętu i zostałem z tobą Kalibanie
oddając tytuł króla Neapolu za pierwszego godność
obywatela tej wyspy Ty zaś Kalibanie będziesz
ludem w jednej osobie mam nadzieję
że założymy idealne państwo

jestem pewien że Alonso pokłóci się
z Antoniem przy pierwszej okazji albo bez okazji
o robaczywe jabłko królestwa Neapolu
i ten kto szybszy poderżnie gardło bratu
a potem inni zaczną się mordować na oślep
zdradzać wzniecać bunty snuć intrygi
czyli robić historię aby Klio mogła pisać
palić znów pisać i fałszować książkę dla
potomnych dzieje zmagań czarnych mrówek
z czerwonymi
Gonzalo skona pewnie w lochu
Ferdynand i Antonio zagryzą się jak szczury
Trynkulo wesołek
dostanic pomieszania
zmysłów
nie jest wykluczone
że okręt przybije do Neapolu
pusty nie licząc Trynkula
który po tych jatkach
a kapitan bosman i inni żeglarze

będą pospolici i cuchnący jak dno
beczki
    to nie dla nas Kalibanie którego
nasz po trzykroć wielki patron nazwał dzikusem
o potwornym wyglądzie — myślę że cię skrzywdził
ja zawsze przeczuwałem że masz dobre serce i zdrowy
rozsądek rzeczy w obecnych czasach na wagę złota
a ludzie

ach zapomniałem powiedzieć że na wyspie
panuje totalny politeizm i jak u Platona
tak u nas każda rzecz ma
każda rzecz ma swój ideał miejsce w panteonie
jest więc bogini gwiazdy zarannej a także
bóg lewego buta bogini śmierci jaguara bóstwo kwiatu jabłoni
osobne jej owocu — stąd nasi poeci nie popadają nigdy
w choroby i nie szeleszczą słowami jak zeschłą
trawą

dziś napisałem mały psalm do łzy
zaśpiewaj go Kalibanie w bocznej nawie sosen
i pamiętaj
wydobądź srebrny sopran
który tak zazdrośnie chowasz pod grdyką
na specjalne okazje
    o popatrz na niebo
zręczne palce wiatru tkają cirkus
jak z różowej wełny niech pochwalony będzie boski cirkus
każdy wiatr co się rodzi i każdy wiatr milczący

3.
nam Kalibanie wyspa — przypływy i odpływy morza
mgły i trzęsienia ziemi skwar słońca chłód nocy
będziemy jak w kołysce elementów liczy [się] tylko to
co ważne jest woda ogień przepaście nieba
    i przepaście niebieskie

— myślę że zgodzisz się ze mną Kalibanie
że ustrój nasz będzie [prosty]
w dnie parzyste Ty będziesz rządził w nieparzyste — ja
za najbardziej szlachetną formę rządów
ustalamy leżenie brzuchem do góry teraz
o religii bo ona wszak jest najważniejsza

— wierzymy nieśmiało w nieśmiertelność duszy
gdyby było inaczej trudno. Nie powinno to
być przeszkodą w dążeniu do cnoty, umiarkowanej
ascezie

[Na tym urywa się rękopis. Numeracja, prawdopodobnie stron, pochodzi
od Herberta].

Koniec

Kończy się dzień ojciec w bibliotece łapczywy mrok pożera
mosty naczynia kapilarne naczynia szklane stoły
a popioły z tego wszystkiego ojciec na gazecie składa
i wolno przesypuje w grobowe popielnice

Nad strażą ceremonii czuwa ciotka Pelagia
patronka wysp i szczątków przyszłość przepowiada
mętną i splątaną o srebrna głowo ojca stulistna Pelagio

Wiosna

Jarosławowi Iwaszkiewiczowi

Jak Pory Roku Vivaldiego nota bene
titi ti ta ta lub tatata rytm tatata rytm
mam na myśli Allegro taką jest myśl przewodnia
wiosny także tej na schyłku tysiąclecia rocznik osiemdziesiąt osiem

oczywiście pieśni Straussa w pudle akustycznym
„narzuca się na wióry zimy zielona kaszka drobny liść"
nie rozchodzimy się kochanie przypisani do ziemi
jak linoskok i cesarz

Zima
(z cyklu „Trzy erotyki")

myślę teraz
haniebnie rzadko
o mojej Pierwszej Wielkiej Opuszczonej

omijam starannie
wszystko co może sprawić
popłoch wspomnień
— miejsca naszych spotkań
— rogi ulic
— krajobrazy
— ławki
— drzewa
— okno w którym płonęło
nasze światło

zapominam powoli
ale nieubłaganie
kolor jej oczu

to
co pozostało
spoczywa teraz
w kartonowym pudle
negatywy fotografii
nasze zdjęcia bez twarzy

gdyby ktoś pociągnął
palcem wskazującym
po ostrym brzegu kliszy
pociekłaby krew
serdeczna

znajomy doniósł mi
że Moja Pierwsza Wielka
żyje teraz sama
nie licząc towarzystwa morza

jest ślepa
i zajmuje się tkactwem

co ona tka
na zwęglonych krosnach

dla mnie jest
jak pusty peron

jak absolutna
nieodwracalność

jak refleksyjny topielec
w mocno naciśniętym
na uszy kapeluszu
który płynie
twarzą odwrócony
od świata

jak noc
przed lustrem

Zima (z cyklu „Trzy erotyki")

Zima

myślę teraz
haniebnie rzadko
o mojej Pierwszej Wielkiej
        Opuszczonej

omijam starannie
wszystko co może sprawić
popłoch wspomnień
— miejsca naszych spotkań
— rogi ulic
— krajobrazy
— ławki
— drzewa
— okno w którym płonęło
nasze światło

zapominam powoli
ale nieubłaganie
kolor jej oczu

to
co pozostało
spoczywa teraz
w kartonowym pudle
negatywy fotografii
nasze zdjęcia bez twarzy
gdyby ktoś pociągnął
palcem wskazującym
po ostrym brzegu kliszy
pociekłaby krew
serdeczna

Spóźniony erotyk

[1.]
myślę
nikczemnie mało

o mojej pierwszej
wiekuistej
opuszczonej

starannie omijam
wszystko
co może pchnąć
widok
w obłęd
obłęd
w popłoch
— ostygłą poręcz
— boczną nawę cienistą
— krajobraz z jeziorem
— róg ulicy zza którego
wychodziła umówiona
    sukienka
— okno płonące
jak morska latarnia
— jawor

zapominam
nieubłaganie
barwę oczu

2.
To co zostało

znajomy doniósł mi
że Moja Pierwsza Wielka
żyje teraz sama
nie licząc towarzystwa morza

jest ślepa
i zajmuje się tkactwem

co ona tka
na zwęglonych krosnach

dla mnie jest
jak pusty peron

jak absolutna
nieodwracalność

jak refleksyjny topielec
w mocno naciśniętym
na uszy kapeluszu
który płynie
twarzą odwrócony
od świata

jak noc
przed lustrem

spoczywa
na dnie
kartonowego pudła
fotografie
nasze zatrzymane postacie
nasze twarze
wypełnione wapnem

gdyby ktoś potarł
wskazującym palcem
ostre brzegi kliszy
pociekłaby krew
serdeczna

3.

posłaniec
doniósł mi
że moja pierwsza
wielka
opuszczona
żyje teraz sama
nie licząc towarzystwa morza

zajmuje się tkactwem

jest ślepa
co ona tka
na zwęglonych krosnach

dla mnie jest
jak pusty peron
gdzie wiatr
kręci bicze z piasku

jak refleksyjny topielec

w mocno naciśniętym kapeluszu
który płynie na oślep
twarzą zwrócony
do dna świata

absolutna
nieodwracalność

niepojęta
jak noc
w lustrze

Ostatnie słowa

Od paru lat
śmierć
przechadza się po głowie
tam i z powrotem

jak niespokojny aktor
wahający się spiskowiec
jak strażnik więzienia

jaka będzie
owa chwila ostatnia
między opadającą kurtyną
a wyzywającą ciszą widowni

kiedy linia życia
układa się posłusznie
jak płaski horyzont
jak struna po koncercie

niewielu
może poszczycić się
trafną uwagą
ministra Goethego
że światła ubywa

większość
ogranicza się
do obserwacji sufitu
i westchnień

dlatego
budzi podziw
poeta Miroslav Holub

który karmiąc gołębie
z okna VI piętra
runął w dół

gazety
podały
że nie znaleziono ciała

ale to przecież
normalne

Brewiarz. Drobiazgi

Panie, dzięki Tobie składam za małe codzienne kłopoty
　　małe zmartwienia, nieład wkradający się z rzeczy
　　do umysłu, przed którym trzeba się bronić

　　　— dziękuję żeś mi pomógł dopasować krawat do koszuli
　　i wyglądam teraz jak cywilizowany wisielec
　　　— że pomogłeś mi znaleźć skarpetkę do pary
　　　— i pomogłeś wygolić kępkę szczególnie uporczywych
　　włosów pod nosem więc posunąłem się o cal
　　w mojej wędrówce do piękna

Bądź pochwalony Panie żc ustanowiłeś aby rzeczy drobne
　　jak naczynia kapilarne łączyły się z rzecza-
　　mi ważnymi
　　i że w końcu sam nie wiem gdzie zaliczyć
　　moją lewą ranną nogę, jest ona bowiem dolegliwa
　　ale bez niej nie przystawałbym przy grobach pole-
　　głych kolegów, aby wypocząć i zadumać się

Bądź pochwalony Panie i przyjmij dziękczynienie za moją
　　bezsenność na którą cierpię i z której
　　także korzystam, bowiem otwiera przede mną
　　otchłań czasu, wywodzi z pamięci zdarzenia
　　i ludzi o których dawno bym zapomniał
　　gdyby nie cud bezsenności, bez którego
　　spałbym snem sprawiedliwych, godnych szacunku
　　ale trochę — nudnych

Dziękuję Tobie
> — że stworzyłeś mój świat z nici
> tasiemek guzików towarów krótkich
> idei pospolitych — a mimo to lub
> właśnie dlatego ujrzałem w tych drobiaz-
> gach — oblicze Twoje

10 VI 1997

III. Prywatna historia świata

Czas przeszły teraźniejszy

Jestem w dość kłopotliwej sytuacji. Mam mówić na temat *Gegenwart der Geschichte*, nie będąc fachowym historykiem, tylko zaledwie amatorem, i to z powodów — jak się obawiam — masochistycznych. A w dodatku sens wydarzeń współczesnych wymyka się moim — zapewne dość ograniczonym — władzom rozumienia. Tak więc ani w sferze *„Gegenwart"*, ani w członie *„Geschichte"* nie jestem osobą kompetentną.

Wszyscy jednak, wszyscy bez wyjątku jesteśmy w historię zaplątani lub, żeby użyć tego makabrycznego obrazu, jesteśmy więźniami historii. Dokładniej mówiąc, nie wszyscy: jednym wydaje się jeszcze, że korzystają z iluzorycznej wolności, przeciwko innym toczy się właśnie śledztwo, niektórzy zaś siedzą już na ławach oskarżonych. Co do mnie, uważam, że jestem po wyroku skazującym. Po wyroku ma się dużo czasu, odpadają rozliczne troski i kłopoty codzienne, tak że można oddać się poważnym studiom, na przykład nad systemem więziennictwa, albo po prostu filozofować. Nie tylko dzieło Boecjusza, ale wiele innych wartościowych książek powstało w takiej sytuacji.

Chciałbym teraz powiedzieć, jak rozumiem trochę enigmatyczny temat naszej dyskusji: *Gegenwart der Geschichte*. Przypuszczam, że celem naszego spotkania jest próba zastanowienia się nad dość powszechnym zjawiskiem, a mianowicie zanikaniem, obumieraniem świadomości historycznej w społeczeństwie przemysłowym. Ten proces można zrozumieć, wytłumaczyć i nazwać go procesem nieuniknionym. W budowaniu nowego wspaniałego świata ciemna przeszłość jest zawadą, przeszkodą, niepotrzebnym balastem — tak jak ładna być może, ale mało funkcjonalna i użyteczna budowla z minionych stuleci dla tych, którzy planują nowe słoneczne dzielnice, nowe domy z oknami otwartymi na przyszłość. Wszyscy chyba jesteśmy amatorami powietrza, światła, zieleni — tylko wydaje mi się, że przeszłości nie da się łatwo przekreślić za pomocą maszyn niwelujących.

Powiedziałem „zanikanie świadomości historycznej w społeczeństwie przemysłowym" i zdaję sobie sprawę z tego, że jest to hipoteza, przypuszczenie, subiektywne odczucie, którego nie potrafię poprzeć żadną statystyką. Ktoś może zareplikować, że wcale tak nie jest, bo książki o Germanach, Celtach czy Hetytach cieszą się dużym powodzeniem, a dzieło o kłopotach seksualnych pewnego dyktatora może zawsze liczyć na życzliwe przyjęcie czytelników. Ale zainteresowanie tematem historycznym nie jest równoznaczne z tym, co nazwałem świadomością historyczną, która implikuje poczucie ciągłości i nieuniknioną, niedającą się wymazać obecność czasu przeszłego w czasie teraźniejszym.

Wydaje się, że jesteśmy zafascynowani własną wyjątkowością, poczuciem, że żyjemy w czasach nieporównywalnych, bez żadnej analogii do tego, co było przedtem. Taki swoisty narcyzm cywilizacyjny. Przeszłość oddala się od nas tak szybko, jak ziemia od rakiety międzyplanetarnej. Lata świetlne nie dają się przeliczyć na pokolenia. Czas kosmiczny zaczyna konkurować z czasem ludzkim.

Nic tedy dziwnego, że nie naśladujemy naszych dziadków i nie zwracamy się po radę, naukę, wzory postępowania, a także ideały, do tak zwanej skarbnicy przeszłości. Ten magazyn doświadczeń wydaje nam się podejrzany, dwuznaczny, wątpliwy. Nie bardzo wiemy, co z nim począć. W każdym razie wydaje się, że ze studiowania zawiłych dróg ludzkości nie da się wyciągnąć jakichś rozsądnych przesłanek, które mogłyby kierować naszym postępowaniem dzisiaj i jutro. Historia nie jest ulubionym studium młodych ludzi, nie stanowi podniety do działań pragmatycznych osobników w wieku dojrzałym, jest co najwyżej melancholijną pociechą starców.

Nikt nie zaprzecza, że przeszłość istnieje, chociaż staramy się [ją] zepchnąć pod próg świadomości. Istnieje, bo przeszkadza politykom, urbanistom, pedagogom. Jest duża, niema, ciężka, nieporęczna. Jeśli jest nawet martwa — jak twierdzą niektórzy — nie można jej ukryć ani zniszczyć bez śladu.

Jednym z istotnych powodów niechęci do przeszłości jest fakt, że wielu Europejczyków nie ma specjalnych powodów do dumy z tego, co zdarzyło się na naszym kontynencie w ciągu ostatnich kilkudziesięciu lat. Miło jest zajmować się historią, kiedy ma się poczucie własnej bezwinności, sprawiedliwości i ładu wewnętrznego. Wtedy łatwo sprawować sądy nad przeszłością i brać w obronę uciśnionych, i piętnować tyranów. Ale rzeź Samijczyków na rozkaz młodego Peryklesa, krucjata przeciw albigensom, zniszczenie cywilizacji Azteków przez Corteza — straszą nas analogiami z niedalekiej przeszłości. Historia zamienia się w rachunek sumienia — potępia, wypomina, zabiera spokój.

Jeśli przyszła opowieść o czasach, w których żyjemy, będzie syntezą, krytycznym opracowaniem wszystkich dzienników świata plus nieznane nam dzisiaj dokumenty, zastanawiam się, czy warto żyć jeszcze 25 lat, aby dowiedzieć się, w jaki sposób zostałem oszukany, i kto był głównym winowajcą. Czy opłaca się kurczowo trzymać tego padołu jeszcze ćwierć wieku, aby odczytać z pamiętnika, co w głębiach swojej dyplomatycznej duszy odczuwał sekretarz generalny ONZ, kiedy A.D. 1975 przyjmował tytuł doktora *hc* praskiego uniwersytetu, lub o czym rozmawiał w tym samym roku Papa Idi Amin z Pawłem VI. Jeśli o mnie chodzi (jestem w sytuacji skazanego, którego instynkt samozachowawczy [czuje, że] musi wyzbyć się niezdrowej ciekawości), mogę spokojnie umrzeć bez tej wiedzy.

Ktoś może powiedzieć, że to wszystko są *quasi*-argumenty przeciwko historii, zaczerpnięte z ulicy, z odczuć niewykształconych mas. Ale może właśnie o to chodzi, chciałbym zrozumieć opory przeciętnego człowieka w stosunku do przeszłości.

Rozwój nauk historycznych w czasach oświecenia czy w XIX wieku łączył się z przeświadczeniem, że historię można zrozumieć i kierować nią w sposób racjonalny, że układa się ona w przejrzysty, jasny dla umysłu wzór, że toczy się po wstępującej linii postępu. Dzisiaj niewielu z nas podziela tę optymistyczną wiarę.

Wydaje się, że historia współczesna, dziejąca się na naszych oczach, kompromituje historię w ogóle, która, sądząc z naszych doświadczeń, była, jest i będzie grą sił, pełną kłamstwa, zbrodni, gwałtu i rozpętanego irracjonalizmu. Na znacznej części naszej planety prawa człowieka są konsekwentnie i brutalnie gwałcone. Historia świata — jak mówi filozof — *ist eine Strasse, die der Teu-*

fel pflastert mit zerstörten Werten. Czy warto więc studiować tę smutną i gorzką wiedzę? Jedyny praktyczny wniosek, jaki zdaje się z niej wypływać: musimy być przygotowani na najgorsze.

Szukając wyjścia z tego zaklętego kręgu, zwróćmy się po radę, po światło wiedzy, do fachowców, do współczesnych historyków. Ale oni niechętnie albo wcale nie odpowiadają na pytanie, jaki jest sens dziejów (co jest prawie równoznaczne z pytaniem o sens życia). Naiwnych, którzy domagają się odpowiedzi, odsyłają do historiozofów, którzy mają tak samo złą opinię jak astrologowie w oczach astronomów.

Trudno robić wyrzuty historykom współczesnym, że ostrzą swoje narzędzia metodologiczne i cyzelują detale. Kieruje nimi mądra naukowa ostrożność, sceptycyzm i minimalizm. Są nastawieni wrogo do pochopnych uogólnień — starają się oczyścić historię z nalotów ideologii, polityki i narosłych od wieków uprzedzeń. Zdają sobie sprawę, jak często historia była wykorzystywana przez silnych przeciwko słabszym, jak często objaśnianie przeszłości miało na celu umocnienie, usankcjonowanie i rozgrzeszenie władzy.

Uczciwi historycy współcześni nie chcą popełniać tego błędu graniczącego z przestępstwem. I to im się chwali. Ostatecznie lepiej jest tak, niż gdyby nas karmiono półprawdami lub wręcz kłamstwami. Ale potrzeba książki o historii świata jest nadal paląca i aktualna. Historii obiektywnej, skłaniającej do refleksji, a nie do zaciskania pięści i wydawania głośnych okrzyków. Historii pisanej nie z punktu widzenia ras, narodów czy pewnych organizacji wywrotowych. Ale jak dotychczas nie ma takiej historii. Próby syntezy Wellsa, Spenglera czy Toynbeego spotkały się z dużym zainteresowaniem czytelników, ale także z prawie powszechnym potępieniem fachowców. Może zatem trzeba pogodzić się z myślą, że do końca dziejów ludzkości nie będziemy mieli ostatecznego obrazu fizycznego świata ani także nie będziemy wiedzieli, jaki jest sens i cel naszych wysiłków tutaj na ziemi.

Jakże szczęśliwi, wydaje [się], byli historycy, dla których dzieje ludzkości były walką dobra ze złem, przy czym dobro musiało zwyciężyć, co gwarantowała boska opatrzność. Mechanizm był prosty, a także pedagogicznie użyteczny. Dawał godne naśladowania przykłady bohaterów, królów, świętych.

Przyznam się, że szkoda mi tej starej historii, historii barwnej, narracyjnej i moralizującej. Nawet jeśli była to historia uproszczona i nie bardzo naukowa, miała tę ogromną zaletę, że konstytuowała, tworzyła wartości.

Ci, którzy w minionych stuleciach walczyli o różne ideały, o wolność, godność ludzką i, co się najczęściej zdarzało, przegrywali w tej walce, mieli nadzieję, że zostaną należycie docenieni przez przyszłe pokolenia, znajdą wybrane miejsce w pamięci ludzkości i przyszły dziejopis oceni ich ofiarę. W ostatnich swoich słowach odwoływali się wprost do wysokiego trybunału historii. Dzisiaj ta pociecha i ten patos zostały jakby stłumione. Trzeźwy historyk nie ocenia moralnie ani postaci, ani wydarzeń. W najlepszym przypadku odsłania mechanizmy, rejestruje fakty. Nie zgłasza apelacji. To, co się stało, musiało się tak stać.

Zbliżam się do końca tych dywagacji. I odczuwam potrzebę jakiegoś akcentu pozytywnego.

Otóż wydaje mi się, że nawet w więzieniu historii, w jakim przebywam, można zachowywać się godnie lub mniej godnie. I wydaje mi się także, że mimo wszystkich podniesionych tu zastrzeżeń, wątpliwości i kłopotów, jakie nastręcza nam historia — nie można jej ani usunąć, ani powiedzieć, że będziemy się nią zajmowali w lepszym, stosowniejszym momencie.

Nie można tego uczynić choćby dlatego, że problemy przeszłości, które odrzuca nasza świadomość, a także przemilczane krzywdy czy zbrodnie łatwo mogą stać się łupem demagogów. Wiemy dobrze, jakie są tego konsekwencje.

Wspomniałem na wstępie o świadomości historycznej i myślę, że tego ludzkość nie powinna się wyzbywać za niską cenę pragmatycznych sukcesów politycznych.

Trzeba przyjąć gorzkie dziedzictwo historii z pokorą, nie szukając łatwych usprawiedliwień, że tak czy owak jesteśmy skazani, zdeterminowani.

Świadomość historyczna to taka postawa myślowa i moralna, która akceptuje przeszłość jako rozległe pole ludzkich doświadczeń: błędów, zbrodni, ale także przykładów męstwa i rozsądku, i która zakłada, że nasze czyny tutaj i teraz znajdą przedłużenie w przyszłości.

Taka świadomość historyczna łączy się z niemodnym pojęciem — sumienie, które powinno być integralne, niepodzielne, niezależne od naszych sympatii narodowych czy politycznych. Jeśli ofiarom elementarnych katastrof spieszymy z pomocą i budzą nasze współczucie niezależnie od tego, w jakim miejscu się zdarzyły, podobnie powinniśmy postępować w stosunku do ofiar katastrof historycznych, gdziekolwiek one się zdarzyły lub zdarzą, w Pradze czy Santiago de Chile, Moskwie czy Nowym Jorku, Berlinie czy Warszawie. To wszystko są oczywiście pobożne życzenia. Sam doprawdy nie wiem, czy ludzkość wyzwolona od historii nie będzie szczęśliwsza. Może uda nam się wybudować miasto bez pamiątek, zastąpić nauczanie historii socjologią, socjotechniką czy czymś w tym rodzaju. I stworzyć *horribile dictu* nowego człowieka godnego nowych czasów. Nowego Adama, który usiądzie pod drzewem wiadomości dobrego i złego — nagi, niewinny i bez pępka.

MAŁE SZKICE

Pomnik

Zbiory znajdowały się w starym romańskim klasztorze i nie było w tym małym prowansalskim Musée de l'Antiquité Gallo-Romain nic szczególnego — okaleczone posągi rzymskie, wczesnochrześcijańskie sarkofagi, na pół zatarte inskrypcje i chluba kolekcji, bardzo uszkodzona mozaika, która w katalogu nosiła dumną nazwę *Orfeusz grający na lirze*. Pośród białych, ślepych kamyków dostrzec można było tylko instrument i położoną na nim wielką dłoń, w dole zaś, po lewej stronie zarys głowy uśmiechniętego delfina. Wszystko to było skromne, ubogie nawet, słowem, kolekcja drugorzędnych kopii prowincjonalnych warsztatów Wielkiego Imperium.

Wyszedłem na dziedziniec. Pod ścianami stały marmurowe płyty nagrobne, ułomki kolumn, kapitele, a wśród gęstych ligustrów, jak na tle zielonego chóru, odlana z brązu głowa Konstantyna, bardzo podobna do tej, jaką można podziwiać w rzymskim Palazzo dei Conservatori. Zapatrzyłem się w ten majestatyczny portret wydany na pastwę przyrody. Niezbyt wysokie czoło, długi, mięsisty nos, usta — niegdyś gniazdo gromów i łaski, puste oczy, z których wypadły kamyki, tak że z bacznie śledzących stały się prawie marzycielskie. I nagle zobaczyłem, jak z lewego oka władcy wysunął łeb dorodny szczur. Znieruchomiał na chwilę, potem węszył uważnie, i tak samo nagle jak się pojawił, zniknął w czeluściach cesarskiej głowy.

Z nie całkiem jasnych dla mnie samego powodów przypomniałem sobie ów epizod, skłaniający raczej do banalnej refleksji o przemijaniu ziemskiej sławy, kiedy czytałem książkę poświęconą skomplikowanym związkom świata ludzi ze światem zwierząt.

Dowiedziałem się z niej, że latem roku 1937 wyruszyła na Bałkany grupa niemieckich entomologów, pod kierunkiem znanego profesora z Getyngi, powszechnie uznanego za światowy autorytet w dziedzinie systematyki coleopterów.

Celem wyprawy było zbadanie różnych gatunków chrząszczy, a także ich geograficznego rozmieszczenia, inaczej mówiąc, wytyczenie granic i obszarów, na których pewną populację można uznać za dominującą, terenów o chwiejnej jeszcze równowadze sił, a wreszcie takich, na których toczy się nieubłagana walka gatunków, które natura obdarzyła zdolnością przetrwania i zuchwałą siłą i triumfują nad słabeuszami skazanymi na wymarcie.

W tym czasie trwały gorączkowe przygotowania do ostatecznego podziału ziemi, powietrza i wody. Istotną częścią składową tych przygotowań było opracowanie planu definitywnego podziału ludzkości na trzy olśniewająco proste grupy: rasę panów, niewolników i tych, którym sądzona była zagłada, co metaforycznie nazywano „eksterminacją robactwa", zapewne po to, aby koniecznym i niemiłym operacjom higienicznym nadać charakter chłodnej, pozbawionej współczucia — rzeczowości.

W zakamarkach naszej podświadomości zachowało się przekonanie o przyrodzonej niewinności umysłu badającego świat. Chcemy wierzyć, że istnieją królestwa intelektu poza dobrem i złem, nieskażone politycznym obłędem, wolne od zbrodni epoki. Wydaje się, że w dzień Sądu Ostatecznego ci, którzy zajmowali się astronomią, heraldyką czy entomologią — przejdą gładko na stronę zbawionych, automatycznie niejako, z samej racji wykonywanego zawodu.

Ale czy wszyscy, czy naprawdę wszyscy? W mądrej książce Joachima Illiesa czytam właśnie, że najważniejszą zdobyczą niemieckiej wyprawy przyrodników, działającej na Bałkanach w owym złowróżbnym roku 1937, było odkrycie nieznanego dotychczas chrząszcza.

Człowiek nie uczestniczył w dziele stworzenia. Jego zadanie polega na odczytywaniu wszechświata, co daje mu prawo (a może jest to tylko uroszczenie) do nadawania imion — łańcuchom górskim, atomom, mgławicom, oceanom. One same obywają się bez tego znakomicie. Tylko człowiek przykuty jest do imienia i nazwiska, kiedy to zostaje wpisany do księgi parafialnej, aby potem mógł otrzymywać złe lub dobre świadectwa, służyć w artylerii czy też w piechocie, założyć rodzinę, kupić dom, wstąpić do partii Czarnego Pająka lub Czerwonej Lilii, prowadzić nieubłaganą, podstępną walkę z urzędem podatkowym, a w końcu sporządzić testament i oddać parę niepotrzebnych mu już sylab cmentarnym kamieniarzom.

Przed laty, w Meteorach, oglądałem z zachwytem malowidło na ścianie klasztoru Warlaam. Pod rajskim drzewem nagi Adam nadaje imiona zwierzętom. Temat dość często spotykany w ikonografii chrześcijańskiej, ale ten właśnie fresk stał się dla mnie wyjątkowo bliski, piękny i zastanawiający. Wąż wysunięty podejrzanie do przodu, słoń z małpą na grzbiecie, skrzydlaty smok, jeleń o rozłożystych rogach, paw, niedźwiedź i wilk, cały stłoczony tłum czworonogów, ptaków i płazów — oczekuje niecierpliwie na słowo pierwszego człowieka — jakby to był akt powtórnego powstania z nicości, akt nobilitacji, konieczne uzupełnienie ich egzystencji.

Nic więc dziwnego, że nowo odkrytego chrząszcza, którego Adam najwidoczniej przeoczył, należało ochrzcić. Nadano mu imię *Anophthalmus* zgodne z zasadami systematyki, z dodatkiem *hitleri*. Jeśli lokajstwo zdolne jest do wybryków, był to klasyczny wybryk wybujałej służalczości.

Dobry pan Illies piętnuje to nadużycie i pociesza nas jednocześnie, że *Anophthalmus* jest mały (dorosły osobnik nie przekracza pięciu milimetrów), brunatny, co w pewnym sensie usprawiedliwia nazwę, i zupełnie ślepy. Żyje w jaskiniach, ciemnych pieczarach, rozpadlinach ziemi. Odkrywcy stwierdzili, że należy do odmiany bardzo rzadkiej. Tę cechę można interpretować dwojako: albo jako dowód wyjątkowości, *soi-disant* arystokratyczności (coś jakby nieliczni prawdziwi Habsburgowie w morzu Schulzów), lub że po prostu natura z wolna wykreśla go ze swego inwentarza.

Jak jednak wynika z ostatnich doniesień naukowych, *Anophthalmus hitleri* — przeżył wojnę zwaną Wielką i oznaczoną numerem dwa, parę dziesiątków wojen małych, niezliczoną ilość rewolucji, zamachów stanu i powstań. Jego populacja obecnie wzrosła. Pojawił się także na innych obszarach. Barwa chitynowego pancerza z intensywnie brunatnej stała się ziemistoszara, bardziej przystosowana do otoczenia, ale nie ma wątpliwości, że jest to ta sama odmiana.

Jakkolwiek cały ów problem zajmuje wąskie tylko grono specjalistów, nie przemawia do wyobraźni, nie budzi powszechnego zainteresowania, ostrożność naukowa zaleca dalsze intensywne badania nad tym peryferyjnym z pozoru zjawiskiem natury.

Zdobycie Bastylii

Thomas Carlyle odsunął od siebie zapisaną właśnie kartę papieru, przeczytał ją uważnie — tak, to było wszystko, co mógł i chciał o tym epizodzie powiedzieć; nie wiadomo, dlaczego odczuł nagły przypływ zmęczenia, melancholii, ba, obrzydzenia, przygniatający ciężar w głowie, ból mięśni jak po całodziennym galopie na koniu, pustkę w sercu, z którego uleciało wszelkie współczucie. Zjadł późny obiad i wyszedł z domu bez książki, kapelusza, bez laski nawet. Szedł pustą drogą kołującą wśród łagodnych pagórków, pustą drogą w cieniu starych wiązów i topoli. Zielone cienie sprzyjały porządkowaniu myśli. Skończył opis zdobycia Bastylii, fragment wielkiej zamierzonej książki, był zadowolony z dokonanej pracy, co więcej — dumny, więc skąd to gwałtowne załamanie, smutek i zniechęcenie.

Zdał sobie jasno sprawę, że 14 lipca 1789 roku nie jest najważniejszą datą, oczywiście nie dlatego, że Ludwik XVI — który był wcielonym żartem opatrzności, grubym przejęzyczeniem historii — zanotował tego dnia w memuarach lekkomyślne „rien". Jako operacja wojskowa — czy można w ogóle tak rozpatrywać całe zdarzenie — był to szaleńczy, najzupełniej chaotyczny szturm tłumów na archaiczną twierdzę bronioną nieudolnie i bez przekonania przez osiemdziesięciu inwalidów i trzydziestu szwajcarów pod wodzą markiza de Launay. Wszystko to trwało zaledwie parę godzin, a potem rozpoczęła się wiadoma masakra pokonanych. Launay — antagonista dramatu — pragnął za wszelką cenę ujść zagłady, zmienił uniform na szary frak i przepasał nawet czerwoną wstęgą, straciwszy jednak nadzieję ratunku, usiłował zadać sobie śmierć szpadą, ale gdy mu to udaremniono (czasy nie sprzyjały heroicznym gestom), poszedł razem z innymi jeńcami długim szlakiem do Hôtel de Ville pośród przekleństw, krzyków i razów, aż wreszcie tłum wyłuskał go z szeregu i dalszą drogę odbyła już tylko jego głowa zatknięta na drągu.

W planie materialnym, z perspektywy rozsądku był to epizod drugorzędny, mało przejrzysty i, by tak rzec, nieartykułowany. Dlatego zapewne awansował do rangi symbolu, jak śmierć spartańskiego wodza pod Termopilami, jak ukrzyżowanie Proroka w nieważnym mieście Imperium. Carlyle po benedyktyńskiej pracy nad źródłami, mimo całego wysiłku wyobraźni i współczucia, podobnie jak inni dziejopisarze stanął w końcu wobec litery nieznanego alfabetu, tajemnicy, której nie był w stanie ogarnąć. Trudność polegała między innymi na tym, że zdobycie Bastylii było opowieścią bez bohatera. Przecież nie był nim porucznik Élie z regimentu noszącego nazwę „Królowa", podoficer Hulin czy grenadier Arné — garstka tych, którzy starali się w całe to zdarzenie wprowadzić jakiś wojskowy ład, ani także ci wszyscy nieustraszeni „bras nus" — Cholat, Georget, Reale, Humbert, François (już same nazwiska nie wróżyły, że zagnieżdżą się w wyobraźni) szaleńczo odważni, to prawda, ale którzy wydobyli się na krótko ponad powierzchnię historii, by szybko utonąć w niepamięci. Tak więc zdobycie Bastylii było operą bez solistów, operą chórów. Do mitologii dziejów wszedł nowy element — tłum, masa, lud — siła elementarna, niedająca się usidlić ani wodzom, ani wyobraźni, posłuszna tylko demagogom. Potwór cierpliwy i gwałtowny, tępy i obdarzony geniuszem improwizacji, okrutny i wielkoduszny.

Dlatego opisując zdobycie Bastylii, Carlyle zarzucił metodę spokojnego rozwijania wątków, porządkowania zdarzeń według świętych praw chronologii, badania przyczyn, odgadywania motywów działających osób (cóż łączyło go z tamtymi ludźmi poza nikłym poczuciem wspólnego człowieczeństwa?) i uciekł w szaleństwo stylu. Pragnął, aby impet składni, tumult czasowników, nagłe zahamowanie i potem równie nagłe przyspieszenie biegu narracji oddały to wszystko, co wymykało się racjonalnej ocenie. Opowiedział furię i zamęt hałasem i wściekłością gramatyki.

Brakło mu teraz jednego, jedynego zdania, które miało być próbą wyrwania się z tłumu, zdania, które ten gwałtowny i nazbyt bliski obraz oddali, umieści go w przestrzeni szerokiej, epickiej, w krajobrazie codzienności i perspektywie niezmiennego obrządku kosmosu.

Wrócił do domu o zmierzchu. Siedział jakiś czas w mroku, potem kazał wnieść świece, które wydobyły z ciemności grzbiety książek, brązowe tapety pokoju, wizerunki osób dawno nieżyjących, portrety miast, gdzie — jak się mu zdawało — był szczęśliwy.

Wtedy zjawiło się zdanie zamykające opis zdobycia Bastylii. „Wieczorne słońce lipcowe — o tej samej godzinie twoje skośne promienie padają na żniwiarzy i spokojne lesiste równiny, na stare kobiety, które przędą po domach, na okręty pośród cichego oceanu, na bale w Oranżerii, gdzie mocno uróżowane damy tańczą właśnie z oficerami huzarów, i na ten ryczący przedsionek piekieł — Hôtel de Ville".

A na osobnej kartce zanotował:

„Szkoda, choć jest to całkiem naturalne, że dzieje tego okresu pisane są na ogół histerycznie. Nadmiar przesady, utyskiwania, lament; a nad tym wszystkim — ciemność".

Leniwy język

Więc znowu czytam (tak jakby to była moja historia) o wielkiej orientalnej rzezi, jaką Mithradates Eupator, król Pontu, zgotował mieszkańcom Efezu — jednego dnia w ciągu kilku godzin wymordowano osiemdziesiąt tysięcy mężczyzn, dzieci, kobiet i starców, a Bóg jeden wie, dlaczego nazywa się w dziejach tę masakrę anachronicznie i eufemistycznie zarazem „efezyjskimi nieszporami"; czytam lamenty średniowiecznych historiografów opisujących nieopisane okrucieństwo barbarzyńskich najeźdźców (ich zgrzebna łacina przypomina niekiedy mowę dzieci); czytam wreszcie — aby zbliżyć się na odległość konkretnego człowieka — więzienny list Kamila Desmoulins, płomiennego rewolucjonisty, przez rewolucję skazanego normalną koleją rzeczy na śmierć, który błaga ukochaną Lolotte, aby przysłała swój miniaturowy portret, a także okulary w stalowej oprawie numer 15, zapewniając na koniec, że kiedy gilotyna oddzieli głowę od ciała, jego gasnące oczy będą w nią utkwione na zawsze.

Czytam to wszystko i odczuwam — uniwersalne współczucie. Zaprawiałem się w tym od lat. Na początku była to skłonność, potem pasja, w końcu rzemiosło, to znaczy wyuczona sztuka obalania granic czasu, utożsamiania się z losem innych.

Myślę, że w miarę mego talentu i wiedzy udało mi się to w pewnym stopniu. Mógłbym być zadowolony, gdyby nie fakt, że całe owo uniwersalne współczucie bliższe jest wodnistej melancholii niż prawdziwego bólu. Martwi mnie to tak bardzo, jakbym był szaleńcem, który pragnie zamienić swoją chroniczną dolegliwość na śmiertelną chorobę, pełną rozdzierających cierpień — bo tak tylko można unieść ciężar świata.

Nie chcę korzystać z łatwego usprawiedliwienia, że jestem mieszkańcem wyjątkowej epoki, w której rozmiary, wyrafinowane metody i bezkarność zbrodni przekraczają znane nam wzory przeszłości. Mimo licznych wysiłków czynionych w tym kierunku statystyka jest nadal mizerną pociechą.

Porządek świata

Cóż robią teraz paladyni? Paladyni uczą się śmierci. Nie tej gwałtownej od ognia i gromu, z którą od dawna zawarli przymierze, ale pokornej śmierci istot upodlonych.

Pozbawiono ich paradnych admiralskich mundurów, fraków dyplomatów i ministrów, a ubrano w pasiaste drelichy. Zdjęto im także imiona i oznaczono liczbami porządkowymi. Nazywają się teraz von Ein, Herr Fünf. Ich rządów ofiary także nosiły numery. Jest ich siedmiu. Prochy towarzyszy rozsypano na wietrze. Mieszkają, by tak rzec, w twierdzy, przestronnej, nazbyt przestronnej, w pałacu grubych murów, piwnicznego chłodu, cegły i żelaza.

W nagrodę za cierpliwość i milczenie dostali czas bez zegarów, czas, który nie stawia żadnych pytań, nie żąda czynów, nie wymaga gestów. Płynie po prostu nad głowami, a oni uczepieni kamiennego dna, pod ironicznym kandelabrem — wiecznie płonącą, odwróconą czaszką żarówki, słuchają muzyki podkutych butów.

W tej oceanicznej monotonii każde najmniejsze wydarzenie jest świętem. Teraz z konieczności musimy przejść od stylu wzniosłego, jaki przystoi epice, do nikczemnego naturalizmu. Otóż pewnego dnia zarządzono, aby więźniowie oddali do reperacji swoje udręczone skarpetki i rękawiczki. Pensjonariuszki sąsiedniego zakładu karnego miały przywrócić im dawną świetność.

Po paru tygodniach rzucono na korytarzu skłębioną stertę bawełnianej pocerowanej konfekcji paladynów. Nie wszyscy wiedzieli o przybyciu transportu i później okazało się, że dwóch spośród więźniów zostało pozbawionych z niewyjaśnionych przyczyn swoich własności. Był to prawdziwy skandal. Takie przypadki mogły mieć miejsce pośród pospolitych przestępców, ale nigdy wśród tych, którzy tak długo (ze zmiennym co prawda szczęściem) dźwigali na barkach losy świata.

Wielkie zbrodnie ocierają się o tragedie, wulgarne złodziejstwo przypisane jest lumpom. Nie dało się wykluczyć, że przestępca znajdował się pośród skazanych. Hańba okryła nieruchomą załogę twierdzy Spandau.

Tylko Numer Dwa stanął na wysokości zadania i ratując nad-
wątloną reputację wszystkich, zareagował szybko energiczną notą
werbalną. Oto jej treść.
„Do Wysokiej Dyrekcji Alianckiego Więzienia.

Wobec pożałowania godnych wypadków, jakie ostatnio miały
miejsce, a mianowicie przywłaszczenia własności osobistej skazanych (skarpetki i rękawiczki), należy niezwłocznie wydać więź-
niom:
1) igłę do szycia,
2) stosowne ilości włóczki czarnej i białej,
3) wszyscy, bez wyjątku, powinni wyszyć na swoich rzeczach
numery lub monogramy.

W ten sposób uniknie się nieporozumień, które źle wpływają na
morale więźniów, oraz przyczyni się do utrzymania niezbędnego
ładu.
Podpisano: Numer Dwa. Data".
Przejrzał jeszcze uważnie pismo. Z nagłówka skreślił słowo
„Wysokiej", tak że pozostało tylko „Dyrekcji", a także zmienił źle
brzmiące „przywłaszczenie" na neutralne „zaginięcie". Brzmiało
to stanowczo lepiej. Był zadowolony ze swego dzieła.

Żył teraz w napięciu i niepokoju. Czekał niecierpliwie na reak-
cję. Po tygodniu w czasie rytualnego spaceru w ogrodzie zwierzył
się Numerowi Cztery.

— Zupełnie tego nie rozumiem. List był rzeczowy, apolityczny.
Ostatecznie sprawa dotyczy wszystkich. Jeśli nie otrzymam odpowiedzi, utwierdzę się w przekonaniu, że oni nie mają najmniejsze-
go wyobrażenia o sprawowaniu władzy, co więcej, nie mają
żadnego pojęcia o elementarnym porządku.

Ta ważna historycznie wypowiedź wyparowała w ciszy jesien-
nego ogrodu. W powietrzu unosił się zapach rozkładu. Wielki
książęcy park, bez księcia, gdzie krzyczały jeszcze forsycje obok
pryzm węgla na zimę, kępy zeschłej lawendy, żelastwo, hortensje,
sterty piasku, nagie krzaki bzu, perz.

Numer Trzy i Numer Jeden siedzieli na ławce i rozmawiali
z ożywieniem zapewne o klęsce, której można było uniknąć, gdyby nie zabrakło ludzi oddanych sprawie. Numer Sześć pracował
przy swojej grządce z fanatycznym zapałem, sposobiąc ją na dale-

ką wiosnę. Niezmordowany Numer Pięć chodził dziarskim krokiem w kółko, co nazywał swoją podróżą dookoła świata (jutro powie z dumą, że minął właśnie Bagdad i nic nie jest w stanie zatrzymać go przed wkroczeniem do Teheranu). Natomiast najmniej udany Numer Siedem, w cywilu zastępca Wotana, siedział pod drzewem w kucki i jęczał.

Numer Dwa nie mógł się uspokoić: „Jestem głęboko przekonany, że ich zwycięstwo było sprawą okoliczności i przypadku, jakiejś tam dziejowej sprawiedliwości. A wracając do mego listu. Naprawdę zupełnie nie rozumiem".

Niebo przybrało kolor złota Renu.

Zapadał szybki bezsensowny zmierzch.

Wizja Europy

Przekonanie, że poeci mają prorocze wizje i że trafniej niż inni ludzie oceniają przyszłość, przynosi poetom zaszczyt. Niezależnie od tego, czy jest to prawda, w dobrze zrozumianym interesie zawodowym należałoby taką opinię podtrzymywać. Rola pisarza we współczesnym świecie jest dostatecznie niejasna i zrozumiałe wydają się wszystkie próby aby, tę rolę zaakcentować, podkreślić, wyolbrzymić.

Radio Heskie zwróciło się do mnie z propozycją, abym spisał swoje uwagi na temat wizji Europy. Mógłbym przytoczyć całą listę argumentów i powodów, dla których podjęcie się tego zadania uważam za niemożliwe. Nie zajmowałem się nigdy publicystyką, posiadam niedostateczną ilość informacji, abym mógł trafnie ocenić rzeczywistość społeczno-polityczną i wysnuć z niej wnioski mające, jakieś znaczenie. Moment historyczny, w którym się znajdujemy, jest szczególnie delikatny, rozstrzygnięcia i decyzje, które nastąpią w najbliższym czasie, mogą przekreślić wiele spekulacji. A poza tym — i to jest chyba najważniejsze — nie mam jednej wizji Europy, ale co najmniej dwie, i to najzupełniej z sobą sprzeczne — katastroficzną i arkadyjską. Nie jest to wcale poetycka metafora, ale sytuacja daleka od komfortu wewnętrznego.

W moim kraju mieszka pisarz zafascynowany Europą, jej historią i kulturą. W pewnych okresach takie zafascynowanie było po prostu niebezpieczne. Napisał sporo utworów poświęconych tradycji judeogreckochrześcijańskiej. Te same prace publikowane w Poitiers czy Tybindze kwalifikowałyby go jako człowieka spokojnego, patrzącego na życie z dystansu, niechętnie angażującego się w gorące spory współczesności. I trudno mu było naprawdę wytłumaczyć swym zachodnim kolegom, że pisząc o najeździe Ateńczyków na bratnią wyspę Samos, o procesach templariuszy czy albigensach, miał na myśli wydarzenia współczesne. Po to uruchamiał te ciężkie historyczne machiny, dlatego posługiwał się alegorią i przywdziewał maskę — ponieważ nie mógł mówić inaczej, a nawet nie chciał mówić inaczej. Walka z byle prezydentem czy sekretarzem sprowadza literaturę w piekło publicystyki.

Kiedy jego rękopisy wędrowały na Zachód, oceniono je na ogół przychylnie jako prace wykazujące duże oczytanie autora, kulturę i zalety warsztatu. Były to dla niego żałosne komplementy. To tak jakby cała pasja i bunt ulotniły się nagle przez prosty fakt przekroczenia granicy. Użyłem słowa „granica". Oznacza to, że będę mówił o dwu Europach. Ale zanim spróbuję nakreślić linie podziału, postaram się wyznaczyć pewien istotny dla mnie punkt na mapie.

Z góry jednak chciałbym się zastrzec, że to, co powiem, będzie nieprzyzwoicie subiektywne. Będę mówił po prostu o sobie i swoich doświadczeniach. Nie obiecuję nic innego jak rejestr wątpliwości i niepokojów, obca bowiem jest mi arogancka pewność dogmatycznych polityków i ponure wizje futurologów.

MIEJSCE. Urodziłem się w mieście leżącym na wielkim dziale wód, w połowie drogi między Morzem Bałtyckim a Morzem Czarnym. Osobliwe miejsce na ziemi. Spędziłem tam szczęśliwe dzieciństwo i wczesną młodość. Opuściłem je przeszło ćwierć wieku temu, aby tam nigdy nie wrócić. Był to *exodus* raczej niż duchowy wyjazd i chociaż pogodziłem się z historyczną koniecznością, pamiętam jednak dobrze moje rodzinne miasto i nade wszystko lekcję, jakiej mi udzieliło. Zapamiętam ją na całe życie. Ona ukształtowała moją pierwszą wizję Europy.

Owo miasto mego dzieciństwa leżało na wielkim skrzyżowaniu dróg z zachodu na wschód i z południa na północ. Średniowieczne mury obronne, gotycka katedra, piękne renesansowe kamienice na rynku, barokowe kościoły tworzyły zaskakująco harmonijną całość, która uderzała każdego przybysza. A przybyszów było wielu i często zostawali tutaj na zawsze. Tak w ciągu długich wieków powstała mozaika wielu kultur i narodów.

Kiedy wiele lat później podróżowałem po Europie Zachodniej, poszukiwałem instynktownie takich miast i krajów, w których można było śledzić obecność wielu sprzecznych — zdawałoby się — z sobą warstw kulturowych. Pociągała mnie Sycylia ze śladami Greków, Arabów i Normanów, przeczuwałem bowiem, że to, co ważne, nie tylko w sztuce, ale i w życiu powstaje w pokojowym starciu idei i myśli. Dlatego obce mi było zawsze sztuczne i służące często brudnym celom politycznym wyszukiwanie tego, co nazywamy charakterem narodowym, wszystkie owe szaleńcze próby ustalenia tego, co „czyste romańskie", „rdzennie germańskie" czy „prawdziwie słowiańskie".

Wspomnienia oczywiście kolorują rzeczywistość i być może moje rodzinne miasto mniej było piękne w rzeczywistości, niż mi się wydaje. Nie powstał tam żaden nowy styl, nie działał tam ani Rembrandt, ani Leonardo, ale badaczy zastanawiał osobliwy odcień, akcent niespotykany nigdzie indziej. Zdaniem historyków sztuki polegał on na szczęśliwym połączeniu, symbiozie pierwiastków rodzimych, zachodnioeuropejskich, bizantyńskich i orientalnych. Przez stulecia działali w moim mieście artyści włoscy, niderlandzcy, niemieccy, ormiańscy, polscy i ruscy.

Nie był to zapewne szczęśliwy przypadek. Wymagało to stworzenia warunków polityczno-społecznych, a także duchowych i wielkiej tolerancji, gościnności w stosunku do obcych, braku uprzedzeń i przesądów religijnych i rasowych. Tak więc moja pierwsza Europa — a jestem do niej przywiązany do dzisiaj — była wielkim bazarem języków, obyczajów i kultur.

Jednym z przeoczonych wyników drugiej wojny światowej jest fakt wymagający zastanowienia, a mianowicie powstanie państw etnicznie czystych. Granice polityczne jak chyba nigdy jeszcze w historii pokrywają się z granicami narodów. Można wprawdzie powiedzieć, że rozwój wymiany dóbr materialnych i duchowych, masowa turystyka przeciwdziałają temu, mnie się jednak wydaje, że ci, którym bliska jest idea zjednoczenia Europy, powinni się nad tym zastanowić. Z politycznego punktu widzenia państwo etnicznie czyste jest być może ideałem, ale wątpię, czy jest ono ideałem w świecie kultury.

LIMES. Obawiam się, że pojęcie „Mitteleuropa" jest pojęciem trącącym myszką, a dla młodych ludzi kompletnie pozbawionym znaczenia. Należy obecnie do nazw niebudzących określonych skojarzeń ani też bicia serca tak jak nazwy Troja czy Panonia.

Pojęcie Europy było zawsze pojęciem chwiejnym i nieprecyzyjnym z tej prostej przyczyny, że nie jest to nazwa kontynentu oblanego morzem, dokładnie zamkniętym w swoich granicach. Natomiast budzi określone skojarzenia i — śmiem przypuszczać — przyspiesza bicie serca.

Fragment listu do N. N. — przyjaciela

[...]

Ludzie w krajach nadmiernie rozwiniętych gospodarczo, kiedy przechodzą w stan spoczynku, obliczają swoje oszczędności, lokują kapitały, kupują domki i parcele. Moje życzenia pod adresem przyszłości są skromniejsze, a mianowicie pragnąłbym, wyzwolony nareszcie od obowiązku zaczerniania papieru, poświęcić się bezinteresownym studiom i szlachetnej sztuce czytania. Mam przecież w bibliotece wiele książek, które poznałem aż nazbyt pobieżnie. Sterczą z nich zakładki, marginesy upstrzone są znakami zapytania, stanowią coś w rodzaju intelektualnego wyrzutu sumienia, bowiem wypominają mi moje nieuctwo i zaniedbania. Myślę na przykład, że nie zaznam spokoju, jeśli nie zrozumiem dokładnie zagadkowego zdania z *Poetyki* Arystotelesa, które, chociaż nie dotarłem jeszcze do właściwej interpretacji, towarzyszyło mi od dawna i pocieszało w chwilach zwątpienia. Brzmi ono (przytaczam w dobrym przekładzie na język niemiecki): „*Daher ist Dichtung (poiesis) etwas Philosophischeres und Ernsthafteres als Geschichtsschreibung; denn die Dichtung teilt mehr das Allgemeine (ta kathólu), die Geschichtsschreibung hingegen das Besondere (ta kath hekaston) mit*".

Będę zatem czytał stare książki, które wytrzymały próbę wieków. Krzykliwym nowościom nie poświęcałem zresztą nigdy zbyt wiele uwagi.

Tak więc jest czas i zacne zajęcie, należy teraz wymyślić jeszcze stosowne miejsce.

Italia. Dokładnie mówiąc, Spoleto. Dom jak należy — stary i kamienny.

Znam go dość dobrze. Wiele lat temu był opuszczony i wisiała na nim smutna jak klepsydra karteczka, że jest na sprzedaż. Byłem wówczas człowiekiem bardzo zamożnym i doprawdy nie wiem, jak to się stało, że nie zostałem szczęśliwym posiadaczem. To dziwne, ale tak często jest — dobrobyt odwiedza nas w niewłaściwej porze życia. Dom miał rozliczne zalety. Jego północne okna wychodziły na kaskadę czerwonych, łupkowych dachów, zielone wzgórza Umbrii i różowe jak u Lorenzettich miasto w dali. A pod wieczór zupełnie nieprawdopodobny i całkowicie bezpłatny festiwal obłoków. Jest rzeczą godną wzmianki, że okolica słynęła z wybornych win. Wiem coś o tym. Wszelako sądzę, że moja towarzyszka życia zadbałaby o to, abym nie popadł w nałóg i starcze otępienie, ale dzielił czas rozsądnie na kontemplację i lekturę starych ksiąg. To są oczywiście marzenia, marzenia starości. Myśląc trzeźwo, bez iluzji, nie spełnią się one nigdy. Zbyt wielu uzbrojonych szaleńców depcze naszą biedną Matkę Ziemię, aby można było rozsądnie planować dostojną przyszłość.

Ale zostaną książki — dom zastępczy. Towarzyszyły mi wiernie w rozlicznych wędrówkach od Wisły do Pacyfiku, więc bez nich nie wyobrażam sobie dalszej mojej podróży „*sub nocte, per umbras*" — jak mówi Wergiliusz.

Myślę, że mnie rozumiesz.

Obecny, niewidzialny.
Podziękowanie za Nagrodę Eliota

Pragnę przekazać wyrazy mojej serdecznej wdzięczności dla Ingersoll Foundation za przyznanie mi nieoczekiwanej i zaszczytnej nagrody.

Cieniom Patrona nagrody kłaniam się głęboko. Wszelkie słowa, jakie cisną się pod pióro, wobec tego największego poety XX wieku, wydają mi się zdawkowe i niestosowne.

Pierwsze moje spotkanie z Eliotem nie odbywało się w ciszy biblioteki, ale w środku szalejącej wojny, rozpętanego barbarzyństwa. Uniwersytety, księgozbiory, muzea zdawały się wówczas należeć do świata mitologii.

Miałem wówczas kilkanaście lat i żyłem w strefie bezpośredniego, codziennego zagrożenia. Wtedy wpadła mi w ręce kartka wyrwana z jakiejś antologii i zawierająca młodzieńczy wiersz Eliota *La figlia che piange*.

Trudno wyobrazić sobie większy kontrast między otaczającym mnie światem chaosu i wściekłości a tym utworem, utkanym z cichych, elegijnych tonów, delikatności, wielkiej czułości. Odtąd znalazłem się w kręgu promieniowania Eliota. Ta mała ręka płaczącej dziewczyny prowadziła mnie jakby ku jego wielkim dziełom — *Czterem kwartetom*, sztukom teatralnym, wspaniałemu palimpsestowi, jakim jest *Jałowa ziemia*. Postanowiłem poznać wszystko, co napisał ów wielki poeta.

Nie było to łatwe. Po wojnie, w krajach realnego socjalizmu, Eliot był poetą zakazanym — co, jak wiadomo, nie szkodzi poezji, ale okrywa hańbą cenzorów i podpalaczy książek.

Powiedziałem, że pierwszy wiersz Eliota „wpadł mi w ręce", ale to nieprawda, a nawet bluźnierstwo. Odczuwam, również teraz, bardzo mocno, że został mi zesłany, był darem losu przeznaczonym dla mnie.

Proszę mi wybaczyć, że będę mówił językiem niemodnym, niegodnym epoki rozumu.

Literatura nie powinna ulegać pokusom naukowości. Rządzi się ona własnymi prawami, własną dyscypliną, porusza inne sfery duszy. To jest moje usprawiedliwienie, a jednocześnie głębokie przekonanie. Ubóstwiane teraz słowo „postęp" nie powinno mieć do niej dostępu.

Mam wielki podziw dla ludzi nauki, ale nie wiem, jaki wkład wnoszą oni w dziedzinę duchowości człowieka. Nie jestem także pewny, czy wulkaniczny pył przywieziony z Jowisza potrafi uciszyć mój metafizyczny niepokój.

Obiegowe twierdzenie mówi, że nasi przodkowie, których świat opierał się na solidnych fundamentach wiedzy, wiary i trwałego porządku społecznego, byli szczęśliwsi od nas i osiągnęli niedostępną nam równowagę ducha i harmonię wewnętrzną.

Chwalcy dawnych czasów mają pełne rękawy pouczających przykładów.

Oto Cycero opowiada, jak młody trybun rzymski Scypion odwiedził we śnie niebo. Nie przypominało ono w niczym raju. Było jakby kopią stolicy Imperium zamieszkaną przez duchy wielkich i zasłużonych dla państwa mężów. Z naciskiem i surową powagą zobowiązali oni Scypiona, aby niezmordowanie pracował dla ojczyzny, strzegł jej praw i zawsze był gotów zginąć za Republikę.

Tak to zaświaty podawały pomocną rękę rzeczywistości ziemskiej.

Poeta William Wordsworth opisuje, jak to sir Izaac Newton sposobi się do snu i z perspektywy poduszki patrzy spokojnie na Księżyc i gwiazdy, które poruszają się po wyznaczonych kręgach.

A chorowity Kant w czasie codziennego spaceru wdycha zapach chrzanu i aromat harmonijnego wszechświata.

Zastanawianie się nad tym, czy nasi dziadkowie byli szczęśliwsi od nas, dlatego że otaczał ich wszechświat prosty i zrozumiały, wydaje się problemem pustym i jałowym. Podobnie ucieczka galaktyk — powinna być dla nas całkowicie obojętna.

Po naszej stronie jest literatura i jej jedyny temat, jedyne zwierzę łowne — człowiek.

Tropi go przez tysiąclecia.

Wyławia z anonimowej masy ludzkiej — postać, której daje ciało i duszę, twarz, charakter, los i nieśmiertelność prawie.

Śledzi niekiedy jego ziemskie dzieje od narodzin do śmierci — błyskawicę między dwiema ciemnościami.

Nie zapomina, że jest on jednostką niepowtarzalną, osobą, a zatem czymś różnym od trawy.

Bada jego cnoty, występki, sny i zbrodnie.

Bywa niekiedy wybaczająca, czasem surowa, jakby miała kiedyś składać świadectwo przed Najwyższym Trybunałem.

Konkretna, ale również przychylna marzeniom.

Wie, co to znaczy samotność.

Wie, co to znaczy braterstwo.

Jej królewskie, suwerenne władanie czasem. Najtrafniej wyraził to Eliot, odkrywając pod regułami gramatyki nurt poezji:

Time present and time past
Are both perhaps present in time future,
And time future contained in time past.

Co roku w wyobraźni odbywam podróż do Grecji, aby przeżyć czystą radość i sięgnąć do źródeł.

Akropol, sycylijskie świątynie, samotne kolumny, teatr w Epidaurze — największa chyba na świecie koncentracja piękna.

Powtarzam sobie — czym jest piękno — wehikułem pasji i cnoty. I to napełnia mnie spokojem.

Ale wystarczy wieczorem usiąść w bibliotece i zagłębić się w historię Grecji, aby doznać uczucia grozy.

W czasach Sofoklesa, Polikleta, Sokratesa, Platona działy się rzeczy przypominające do złudzenia, znaną nam z gazet, wojnę plemienną.

Literatura dzieli z człowiekiem jego samotność i potrzebę przeciwstawienia się złu. Mój profesor Henryk Elzenberg mówił, że „należy podjąć, z całą odwagą, na jaką nas stać, walkę, aby w świecie chaosu, okrucieństwa, głupoty, w świecie przemijania i niepewności organizować obszary ładu i sensu".

Myślę, wiem, że w tej walce wspiera nas Thomas Stearns Eliot. Bo on jest. Obecny, niewidzialny.

Miastu Münster. Podziękowanie za Europejską Nagrodę Poetycką

Meine Damen und Herren,

Dokładnie 30 lat temu byłem w Münster przejazdem i usiłowałem metodą amerykańską zwiedzić Wasze piękne miasto. Dzisiaj jestem w sposób, by tak rzec, jako byt niekompletny; ciała i głosu użyczył mi mój cechowy towarzysz Jürgen Becker, za co mu serdecznie dziękuję. Ode mnie pochodzą słowa i mój duch, być może nikły jak dym z papierosa, który unosi się w tej sali dla niepalących.

Pragnę podziękować wspaniałomyślnemu Jury za przyznanie mi zaszczytnej nagrody słynnego miasta Münster. Jestem szczęśliwy i zażenowany. Zażenowany dlatego, że nie czuję się poetą poza tym, że prowadzę życie samowolne i, używając terminologii mieszczańskiej, dość nierozsądne. Ale to jest także cechą alkoholików i robotników sezonowych, więc...

Całe życie pragnąłem być człowiekiem użytecznym i świadczącym coś dobrego, konkretnego, bezpośredniego dla ludzi. Koleje losu pchnęły mnie na prawo — swoisty żart — w państwie totalitarnym, któremu obca była elementarna sprawiedliwość. A potem, niejako z rozpaczy, skończyłem ekonomię, znów w ustroju, gdzie ludzie udają, że pracują, a państwo udaje, że płaci. Wzniósłszy się na jeszcze wyższy stopień rozpaczy, ugrzązłem w filozofii. To jest bliższe literatury, która nie uczy, jak być szczęśliwym, ale uczy, jak być nieszczęśliwym w sposób inteligentny.

Pozbawiony środków materialnych wykonywałem różne, z reguły głupawe prace, także fizyczne. Towarzyszyło mi przekonanie, że naszym elementarnym obowiązkiem jest rozwijać życie duchowe.

Cała zaś reszta jest nieważna. Jest to najzupełniej prywatna, tylko moja dewiza życiowa. Jako ekonomista czuję szacunek dla działalności praktycznej, gdyż ona czyni znośnym życie milionów ludzi, daje im coś jakby *Ersatz* szczęścia. Dodam, że socjalistą nigdy nie byłem. Także republika pięknoduchów przyprawiała mnie o mdłości.

Przez piętnaście lat pisałem, nie publikując. To zupełnie dobra szkoła ascezy. Oprócz pisania obowiązkiem poety jest szczególny, bardzo dotkliwy, bolesny stosunek do świata. Myślę, że dobiegający kresu wiek XX jest jednym z najgorszych w historii. Ognie i dymy totalitarnej wojny białych ludzi snują się po naszej planecie.

Poezja, jeśli warta jest tego imienia, powinna być szkołą dobroci, pokuty, skruchy i wybaczenia. Pochylać się jak dobry Samarytanin nad każdym cierpieniem.

To naprawdę (przynajmniej dla mnie) jest całkowicie obojętne, jeśli przywrócą mi legitymację Europejczyka. Nigdy nie przestałem być obywatelem tego zakrwawionego półwyspu, pełnego — z małymi wyjątkami — niewolnictwa, tyranii, nędzy, wyzysku, hipokryzji, stosów i wojen. Obawiam się, że przyszła Europa nie będzie ojczyzną Sokratesa, Chrystusa, Dantego i Szekspira, ale raczej domeną kantorków wymiany i hodowców wściekłych i tych bardziej statecznych krów.

Z przerażeniem stwierdzam, że napisałem raczej homilię niż coś stosownego do tygodnia poezji. Naprawdę jednak rozważania o metaforze, metonimii, całym tym technicznym kramie, z którego ma wyniknąć ten osobliwy twór językowy zwany wierszem — nudzą mnie. Przepraszam, jeśli zawiodłem organizatorów, germanistów.

Bo w końcu, czym jest dla mnie poezja? WEHIKUŁEM PASJI I CNOTY.

IV. Herbert o swoich wierszach

Dlaczego klasycy?

Dlaczego klasycy

Dla A. H.

1.

w księdze czwartej *Wojny peloponeskiej*
Tucydydes opowiada dzieje swej nieudałej wyprawy

pośród długich mów wodzów
bitew oblężeń zarazy
gęstej sieci intryg
dyplomatycznych zabiegów
epizod ten jest jak szpilka
w lesie

kolonia ateńska Amfipolis
wpadła w ręce Brazydasa
ponieważ Tucydydes spóźnił się z odsieczą

zapłacił za to rodzinnemu miastu
dozgonnym wygnaniem
exulowie wszystkich czasów
wiedzą jaka to cena

2.

Generałowie ostatnich wojen
jeśli zdarzy się podobna afera
skomlą na kolanach przed potomnością
zachwalają swoje bohaterstwo
i niewinność

oskarżają podwładnych
zawistnych kolegów
nieprzyjazne wiatry
Tucydydes mówi tylko
że miał siedem okrętów
była zima
i płynął szybko

3.

jeśli tematem sztuki
będzie dzbanek rozbity
mała rozbita dusza
z wielkim żalem nad sobą

to co po nas zostanie
będzie jak płacz kochanków
w małym brudnym hotelu
kiedy świtają tapety

Wybrałem ten wiersz z wahaniem. Nie uważam go bowiem za
najlepszy z tych, które napisałem, ani także za taki, który mógłby
reprezentować mój poetycki program. Ma on jednak — jak sądzę
— dwie zalety: jest prosty, suchy i mówi o sprawach, które istotnie leżą mi na sercu, bez zbędnych ozdób i stylizacji.

Wiersz ma budowę trójczłonową. W pierwszej części mówi
o zdarzeniu zaczerpniętym z dzieła starożytnego autora. Jest to jak

gdyby notatka z lektury. W drugiej części przenoszę to zdarzenie w czasy współczesne, by wywołać spięcie, zderzenie, odkryć istotną różnicę postaw i zachowań. Wreszcie część trzecia zawiera wniosek czy też morał, a zarazem transponuje zagadnienie z dziedziny historii w dziedzinę sztuki.

Nie trzeba być wielkim znawcą literatury współczesnej, aby zauważyć jej cechę charakterystyczną — wybuch rozpaczy i niewiary. Wszystkie podstawowe wartości kultury europejskiej zostały zakwestionowane. Tysiące powieści, sztuk teatralnych i poematów mówi o nieuniknionej zagładzie, bezsensie życia, absurdalności ludzkiej egzystencji.

Nie mam zamiaru łatwo wyśmiewać pesymizm, jeśli jest on reakcją na zło świata. Sądzę jednak, że czarna tonacja literatury współczesnej ma swoje źródło w postawie, jaką zajmują twórcy wobec rzeczywistości. I właśnie tę postawę starałem się w wierszu zaatakować.

Romantyczna koncepcja poety obnażającego swoje rany, opowiadającego o własnym nieszczęściu, ma dziś wielu zwolenników mimo przemian stylów i gustów literackich. Uważa się powszechnie, że świętym prawem artysty jest jego ostentacyjny subiektywizm, manifestowanie obolałego „ja".

Gdyby istniała szkoła literatury, jednym z podstawowych ćwiczeń powinno być opisywanie nie snów, ale przedmiotów. Poza ręką artysty rozpościera się świat ciężki, ciemny, ale realny. Nie należy tracić wiary, że można go ogarnąć słowem, wymierzyć mu sprawiedliwość.

Bardzo wcześnie, bo prawie na początku mojej pracy pisarskiej, doszedłem do przekonania, że muszę zdobyć jakiś przedmiot poza literaturą. Pisanie jako ćwiczenie stylistyczne wydawało mi się jałowe. Poezja jako sztuka słowa doprowadzała mnie do ziewania. Zrozumiałem także, że nie mogę długo żywić się wierszami innych. Musiałem wyjść poza siebie i poza literaturę, rozglądnąć się po świecie, by zdobyć inne sfery rzeczywistości.

Filozofia dawała mi odwagę stawiania pytań pierwszych, zasadniczych, podstawowych: czy świat istnieje, jaka jest jego istota i czy jest poznawalny? Jeśli można z tej dyscypliny zrobić jakiś użytek w poezji, to nie tłumacząc systemy, ale odtwarzając dramat myśli.

141

Do historii zwracam się nie po to, żeby czerpać z niej łatwą lekcję nadziei, ale aby skonfrontować swoje doświadczenie z doświadczeniami innych, aby zdobyć coś, co nazwałbym uniwersalnym współczuciem, a także poczucie odpowiedzialności, poczucie odpowiedzialności za stan sumień.

Stare jest marzenie poety, aby jego utwór stał się przedmiotem konkretnym jak kamień czy drzewo, by tworzony w podlegającej ciągłym zmianom materii języka uzyskał byt trwały. Jednym ze sposobów wydaje mi się wyrzucenie go daleko poza siebie, zatarcie związków, jakie łączą go z twórcą. Tak rozumiem zalecenie Flauberta: „Artysta powinien ukrywać się w swojej twórczości, podobnie jak Bóg nie ukazuje się w przyrodzie".

Dotknąć rzeczywistości

Ogarnia mnie popłoch wewnętrzny, kiedy wyobrażam sobie, że idę ulicą ateńską w czasach Peryklesa (każdy z nas ma jakąś ulubioną epokę) i napotykam kogo? — oczywiście Sokratesa, który łapie mnie za łokieć i zaczyna w ten oto podstępny sposób: — Witaj! Dobrze, że cię spotykam. Wczoraj z przyjaciółmi rozmawialiśmy o poezji: jaka jest jej istota i czy mówi prawdę, czy kłamie. Ale żaden z nas, ani Sophron, ani Kriton, ani Platon nawet nie układają wierszy. Ty natomiast to robisz i chwalą cię za to, więc musisz posiadać wiedzę o tym, czym jest poezja. Wiem teraz dobrze, że sprawa jest dla mnie przegrana. Otacza nas zwarte koło gapiów. Podzielę los generała Lachesa, który nie potrafi dać definicji odwagi, i Polosa — sofisty, który nie zna się na retoryce, a także kapłana Eutyphrona, który o pobożności nie potrafi powiedzieć nic mądrego.

Koniec będzie zapewne taki: zawstydzony będę uchodził, ścigany śmiechem, a za mną będzie dudnił głos dialektyka:

— Jak to, oddalasz się i zostawiasz nas w ciemnej niewiedzy, ty, ty jeden, który mógłbyś ją rozświetlić? Unosisz tajemnicę i czarodziejskim swoim słowem będziesz nas znowu mamił. A my nic wiemy, czy ulec twoim czarom, czy się przed nimi bronić?

Przy całym moim uwielbieniu dla wielkiego ateńczyka wydawało mi się zawsze, że w jego dialogach, w sposobie ich prowadzenia jest pewna doza intelektualnego szantażu; bo przecież można być odważnym, a nie potrafić dać definicji odwagi, a także pisać nie najgorsze wiersze, będąc zgoła mizernym teoretykiem.

Sam język poezji — niedyskursywny tok myślenia, metoda posługiwania się obrazem, przenośnią, parabolą, oscylowanie między tym, co jasne, a tym, co zaledwie intuicyjnie przeczute — dostarczają argumentów obrony.

Przypowieść o królu Midasie (*Struna światła*, str. 69)

Nareszcie złote jelenie
spokojnie śpią na polanach

a także kozły górskie
z głową na kamieniu

tury jednorożce wiewiórki
w ogóle wszelka zwierzyna
drapieżna i łagodna
a także ptaki wszelkie

król Midas nie poluje

umyślił sobie
pojmać sylena

trzy dni go pędził
aż wreszcie złapał
i zdzieliwszy pięścią
między oczy zapytał:
— co dla człowieka najlepsze

zarżał sylen
i powiedział:
— być niczym
— umrzeć

wraca król Midas do pałacu

ale nie smakuje mu serce mądrego sylena
duszone w winie

chodzi szarpie brodę
i pyta starych ludzi
— ile dni żyje mrówka
— dlaczego pies przed śmiercią wyje
— jak wysoka będzie góra
usypana z kości
wszystkich dawnych zwierząt i ludzi

potem kazał przywołać człowieka
który na czerwonych wazach
maluje piórem czarnej przepiórki
wesela pochody i gonitwy
a zapytany przez Midasa
dlaczego utrwala życie cieni
odpowiada:
— ponieważ szyja galopującego konia
jest piękna
a suknie dziewcząt grających w piłkę
są jak strumień żywe i niepowtarzalne

pozwól mi usiąść przy tobie
prosi malarz waz
będziemy mówili o ludziach
którzy ze śmiertelną powagą
oddają ziemi jedno ziarno
a zbierają dziesięć
którzy naprawiają sandał i rzeczpospolitą
obliczają gwiazdy i obole
piszą poematy i pochylają się
aby z piasku podjąć zgubioną koniczynę

będziemy trochę pili
i trochę filozofowali
i może obaj
którzy jesteśmy z krwi i złudy
wyzwolimy się w końcu
od gniotącej lekkości pozoru

145

Jestem przekonany, że we wszystkich swoich ambitnych próbach poezja stara się dotknąć — rzeczywistości. Innymi drogami niż nauka i nie należy poddawać się zbytnio naciskom naszej nazbyt racjonalnej epoki.

Naprzód pies (*Studium przedmiotu*, str. 49)

Więc naprzód pójdzie dobry pies
a potem świnia albo osioł
wśród czarnych traw wydepczą ścieżkę
a po niej przemknie pierwszy człowiek
który żelazną ręką zdusi
na szklanym czole kroplę strachu

więc naprzód pies poczciwy kundel
który nas nigdy nie opuścił
latarnie ziemskie śniąc i kości
w swej wirującej budzie uśnie
zakipi — wyschnie ciepła krew

a my za psem za drugim psem
który prowadzi nas na smyczy
my z białą laską astronautów
niezgrabnie potrącamy gwiazdy
nic nie widzimy nie słyszymy
bijemy pięścią w ciemny eter
na wszystkich falach jest skomlenie

wszystko co można w podróż wziąć
poprzez ciemnego świata zgorzel
imię człowieka zapach jabłka
orzeszek dźwięku ćwierć koloru
to trzeba wziąć ażeby wrócić
odnaleźć drogę jak najprędzej

kiedy prowadzi ślepy pies
na ziemię szczeka jak na księżyc

Ojcowie gwiazdy (*Studium przedmiotu*, str. 51)

Zegary szły normalnie więc tylko czekali
na efekt lawinowy i czy potem pójdzie
po krzywej nakreślonej na kartce eteru
spokojni byli pewni na wieży swych obliczeń
wśród wulkanów łagodnych pod strażą ołowiu
szkłem przykryci i ciszą i niebem bez tajemnic
zegary szły normalnie więc wybuch nastąpił

w kapeluszach mocno naciśniętych na czoło odchodzili
ojcowie gwiazdy mniejsi od swych ubrań
myśleli o latawcu z dzieciństwa drżał sznur napięty w ręku
a teraz wszystko od nich było oddzielone
zegary pracowały za nich im pozostał tylko
jak pamiątka po ojcu stary srebrny puls

wieczorem w domu pod lasem bez zwierząt i paproci
ze ścieżką betonową elektryczną sową
dzieciom będą czytali bajkę o Dedalu
miał rację Grek księżyca nie chciał ani gwiazdy
był tylko ptakiem został w porządku natury
a rzeczy które tworzył szły za nim jak zwierzęta
i jak płaszcz nosił na plecach swe skrzydła i los

Technokraci wróżą koniec poezji. Cybernetycy mówią, że jej treścią są „szumy", to znaczy brak informacji. Kim będzie poeta
w nadchodzącej epoce? Szamanem obwieszonym amuletami
i symbolami umarłych wierzeń? Wywoływaczem starych mitów
ludzkości? Czy może błaznem na dworze uczonych?

Nauka (rękopis) [dopisek Herberta przy tytule wiersza:]
nauka w sensie nauczanie

Uczony angielski Furness
postanowił nauczyć szympansa
wymawiać słowo: mama
lekcje trwały codziennie od dziewiątej do dwunastej
nie obyło się bez przekupstw (banany)
Szympans uczył się źle
był jak gdyby zahamowany

po pięciu latach wymówił
wreszcie słowo
mama

koledzy uniwersyteccy
którzy przyszli do klatki
chwalili bardzo obu
za postępy w nauce

zauważyli jednocześnie
że słowo mama
jest słabo artykułowane
i że szympans
wymawiając je
a właściwie wmawiając
wciąga powietrze do płuc
zupełnie inaczej
niż kiedy chce przywołać do siebie
nieuniwersyteckich kolegów

uczony miał na imię Robert
szympans nazywał się Robert
był to naprawdę
czysty zbieg okoliczności

Czytam raporty Rand Corporation. Jest to organizacja uczonych amerykańskich, coś w rodzaju kolektywu mózgów, którzy między innymi zajmują się przewidywaniem postępu nauki. Otóż z tego dokumentu dowiadujemy się obok wielu innych rzeczy — że w ciągu najbliższych 60 lat będziemy posługiwali się zwierzętami (głównie małpami), których inteligencję rozwinie się tak, aby mogły zająć miejsce niewykwalifikowanych robotników; życie ludzkie przedłuży się dzięki kontroli chemicznej procesu starzenia o 50 lat; oprócz podróży planetarnych, na skutek zamrożenia ciała i wprawienia organizmu w stan przedłużonej agonii, będziemy mogli odbywać podróże w czasie.

Cechą charakterystyczną raportu jest, że utożsamia postęp ludzkości z postępem nauki (mit XX wieku) i umieszcza poza nawiasem swych rozważań historię. Tak jakby nigdy dotąd głuchy marsz barbarzyńców nie przekreślał, nie burzył świetlistych wizji rozumu.

Postój (*Wiersze*, str. 6)

Stanęliśmy w miasteczku gospodarz
kazał stół wynieść do ogrodu pierwsza gwiazda
zapłonęła i zgasła łamaliśmy chleb
słychać było świerszcze w lebiodach wieczoru
płacz ale płacz dziecka poza tym krzątanina
owadów ludzi tłusty zapach ziemi
ci którzy siedzieli tyłem do muru
widzieli — liliowy teraz — pagórek szubienic
na murze gęste bluszcze egzekucji

jedliśmy dużo
jak zawsze wtedy kiedy nikt nie płaci

Longobardowie (*Wiersze*, str. 4)

Ogromny chłód wieje od Longobardów
Mocno siedzą w siodle przełęczy jak na krzesłach spadzistych
W lewej trzymają jutrznie
W prawej bicz lodowce smagają juczne zwierzęta
Ogniska trzaskanie gwiazd popiół wahadło strzemienia
Pod paznokciami pod powieką
Grudki krwi obcej czarne i twarde jak krzemień
Palenie świerków szczekanie konia popiół
Wieszają na urwiskach węża obok tarczy
Wyprostowani idą z północy bezsenni
Prawie ślepi kobiety nad ogniskami kołyszą czerwone dzieci

Ogromny chłód wieje od Longobardów
Cień ich trawę przepala kiedy zlatują w dolinę
Krzycząc swoje przeciągłe *nothing nothing nothing*

Praktyczne [przepisy na wypadek katastrofy]
(*Wiersze*, str. 24)

Zaczyna się zwykle niewinnie od niezauważalnego zrazu przyspieszenia obrotu Ziemi. Należy natychmiast opuścić dom i nie zabierać nikogo z bliskich. Wziąć parę niezbędnych przedmiotów. Ulokować się jak najdalej od centrum, w pobliżu lasu, morza lub gór, zanim ruch wirowy, potężniejący z minuty na minutę, nie zacznie zsypywać do środka, dusząc w gettach, szafach, piwnicach. Trzymać się mocno obwodu zewnętrznego. Głowę nosić nisko. Mieć stale wolne obie ręce. Pielęgnować mięśnie nóg.

Nauczyciele w gimnazjum wbijali nam w głowy, że „*historia magistra vitae*". Ale kiedy zjawiła się ona w całej swej barbarzyńskiej

okazałości — realną łuną nad moim miastem — zrozumiałem, że
jest to osobliwa nauczycielka. Ci, którzy przeżyli ją świadomie,
i wszystko to, co po niej nastąpiło, mają więcej materiału do refleksji niż czytelnicy dawnych kronik. Jest to materiał skłębiony
i ciemny. Trzeba pracy wielu sumień, żeby go rozświetlić.

Przesłuchanie anioła (*Wiersze*, str. 15)

Kiedy staje przed nimi
w cieniu podcjrzcnia
jest jeszcze cały
z materii światła

eony jego włosów
spięte są w pukiel
niewinności

po pierwszym pytaniu
policzki nabiegają krwią

krew rozprowadzają
narzędzia i interrogacja

żelazem trzciną
wolnym ogniem
określa się granice
jego ciała

uderzenie w plecy
utrwala kręgosłup
między kałużą a obłokiem

po kilku nocach
dzieło jest skończone

151

skórzane gardło anioła
pełne jest lepkiej ugody

jakże piękna jest chwila
gdy pada na kolana
wcielony w winę
nasycony treścią

język waha się
między wybitymi zębami
a wyznaniem

wieszają go głową w dół

z włosów anioła
ściekają krople wosku
tworzą na podłodze
prostą przepowiednię

Sprawozdanie z raju (Wiersze, str. 16)

W raju tydzień pracy trwa trzydzieści godzin
pensje są wyższe ceny stale zniżkują
praca fizyczna nie męczy (wskutek mniejszego przyciągania)
rąbanie drzewa to tyle co pisanie na maszynie
ustrój społeczny jest trwały a rządy rozumne
naprawdę w raju jest lepiej niż w jakimkolwiek kraju

Na początku miało być inaczej —
świetliste kręgi chóry i stopnie abstrakcji
ale nie udało się oddzielić dokładnie
ciała od duszy i przychodziła tutaj
z kroplą sadła nitką mięśni
trzeba było wyciągnąć wnioski
zmieszać ziarno absolutu z ziarnem gliny

152

jeszcze jedno odstępstwo od doktryny ostatnie odstępstwo
tylko Jan to przewidział: zmartwychwstaniecie ciałem

Boga oglądają nieliczni
jest tylko dla tych z czystej pneumy
reszta słucha komunikatów o cudach i potopach
z czasem wszyscy będą oglądali Boga
kiedy to nastąpi nikt nie wie

Na razie w sobotę o dwunastej w południe
syreny ryczą słodko
i z fabryk wychodzą niebiescy proletariusze
pod pachą niosą niezgrabnie swe skrzydła jak skrzypce

Na szczycie schodów (*Wiersze*, str. 17)

Oczywiście
ci którzy stoją na szczycie schodów
oni wiedzą
oni wiedzą wszystko

co innego my
sprzątacze placów
zakładnicy lepszej przyszłości
którym ci ze szczytu schodów
ukazują się rzadko
zawsze z palcem na ustach

jesteśmy cierpliwi
żony nasze cerują niedzielną koszulę
rozmawiamy o racjach żywności
o piłce nożnej cenie butów
a w sobotę przechylamy głowę w tył
i pijemy

nie jesteśmy z tych
co zaciskają pięści
potrząsają łańcuchami
mówią i pytają
namawiają do buntu
rozgorączkowani
wciąż mówią i pytają

oto ich bajka —
rzucimy się na schody
i zdobędziemy je szturmem
będą się toczyć po schodach
głowy tych którzy stali na szczycie
i wreszcie zobaczymy
co widać z tych wysokości
jaką przyszłość
jaką pustkę

nie pragniemy widoku
toczących się głów
wiemy jak łatwo odrastają głowy
i zawsze na szczycie zostaje
jeden albo trzech
a na dole aż czarno od mioteł i łopat

czasem nam się marzy
że ci ze szczytu schodów
zejdą nisko
to znaczy do nas
gdy nad gazetą żujemy chleb
i rzekną

      — a teraz pomówmy
      jak człowiek z człowiekiem
      to nie jest prawda co wykrzykują afisze
      prawdę nosimy w zaciśniętych ustach
      okrutna jest i nazbyt ciężka

więc dźwigamy ją sami
nie jesteśmy szczęśliwi
chętnie zostalibyśmy
tutaj

to są oczywiście marzenia
mogą się spełnić
albo nie spełnić
więc dalej
będziemy uprawiali
nasz kwadrat ziemi
nasz kwadrat kamienia

z lekką głową
papierosem za uchem
i bez kropli nadziei w sercu

1956

Przebudzenie (*Wiersze*, str. 18)

Kiedy opadła groza pogasły reflektory
odkryliśmy że jesteśmy na śmietniku w bardzo dziwnych pozach

jedni z wyciągniętą szyją
drudzy z otwartymi ustami z których sączyła się jeszcze ojczyzna

inni z pięścią przyciśniętą do oczu
skurczeni emfatycznie patetycznie wyprężeni
w rękach mieliśmy kawałki blachy i kości
(światło reflektorów przemieniało je w symbole)
ale teraz to były tylko kości i blacha

Nie mieliśmy dokąd odejść zostaliśmy na śmietniku
zrobiliśmy porządek
kości i blachę oddaliśmy do archiwum

Słuchaliśmy szczebiotania tramwajów jaskółczego głosu fabryk
i nowe życie słało się nam pod nogi

Średniowieczny astrolog Nicolas Flamel miał sen. Ujrzał anioła,
który trzymał w ręku otwartą księgę zawierającą wiedzę
o wszechświecie, człowieku i przyszłości. Dwadzieścia cztery lata
trwała pielgrzymka Nicolasa Flamela do owej księgi ujrzanej we
śnie, zanim ją odkrył.

Ludzkości nie opuszcza marzenie o zaklęciu, znaku, formule,
która wyjaśni sens życia. Potrzeba kanonu, kryteriów pozwalają-
cych oddzielić zło od dobra, wyraźnej tablicy wartości, jest obecnie równie silna jak dawniej.

Kiedy naszych ojców i dziadków pytano o wartości wieczne,
myśl ich nieodmiennie sterowała ku starożytności. Godność ludzka, powaga, obiektywizm promieniowały z pism klasyków.

Dlaczego klasycy (rękopis)

Dla A. H.

I

w czwartej księdze *Wojny peloponeskiej*
Tucydydes opowiada między innymi
dzieje swej nieudałej wyprawy

pośród długich mów wodzów
bitew oblężeń zarazy
gęstej sieci intryg
dyplomatycznych zabiegów

epizod ten jest jak szpilka
w lesie

kolonia grecka Amfipolis
wpadła w ręce nieprzyjacielskiego wodza Brazydasa
ponieważ Tucydydes spóźnił się z odsieczą

zapłacił za to rodzinnemu miastu
dozgonnym wygnaniem

exulowie wszystkich czasów
wiedzą jaka to cena

II

generałowie ostatnich wojen
jeśli zdarza im się podobna afera
klęczą przed potomnością
zachwalają swoje bohaterstwo i niewinność

oskarżają podwładnych
zawistnych kolegów
nieprzyjazne wiatry

Tucydydes mówi tylko
że miał 7 okrętów
była zima
i płynął szybko

III

jeśli tematem sztuki
będzie dzbanek rozbity
mała rozbita dusza
z wielkim żalem nad sobą

to co po nas zostanie
będzie jak płacz kochanków
w małym brudnym hotelu
kiedy świtają tapety

Ale dla dawnych amatorów starożytności były, Grecja i Rzym, czymś w rodzaju wysp szczęśliwych, gdzie pod słońcem rozumu kwitły cnoty, harmonia i równowaga. Winckelmannowska formuła *edle Einfalt und stille Grösse*" długo władała umysłami. Posągi greckie doszły do nas wymyte przez deszcze, odarte z kolorów życia, czyste jak platońskie idee. Pogłębiająca się perspektywa historyczna otworzyła nam oczy na okresy ciemne.

Mykeny (rękopis)

Ajgistos śpi. Chrapanie murów
Krew na kamieniach trochę wyschła
Elektra ziewa. Piąta rano
Ciążą na barkach koromysła

Schodzi po schodach do cysterny
gdzie nocna wilgoć jak nietoperz
i zanim wiadro wodę zmąci
w wodzie ogromne ojca oczy

nalane strachem. Tak bez krzyku
rozmawia z córką Agamemnon
Cały dzień pranie. Stosy brudów
Na prześcieradłach krew zakrzepła

Wieczorem uczta. Klitajmestra
piękna jak zawsze. Piją tęgo
Płaczą i śmieją się znów płaczą
w kącie się jąka ślepy gęślarz

Epos jest stary i zużyty
jakby po kościach sunął broną
pełznie głos nikły po kamieniach
w grubej ciemności megaronu

A potem żeby było raźniej
wynoszą trupy swe z podziemia
do stołów wloką nalewają
wino do gardeł których nie ma

Jest chwila ciszy kiedy karki
ugnie potężny wina opar
pogodzi zmarłych i zabójców
cień co zdejmuje z ściany topór

Mój profesor filozofii, ucząc mądrości greckiej, wpajał nam entuzjazm dla stoików. W czasach, kiedy to się działo, *amor fati* ratował od szaleństwa. Czytaliśmy. Czytaliśmy tedy Epikteta, Marka Aureliusza i ćwiczyliśmy się w sztuce ataraksji (ἀταραξία), wypędzając z duszy wzburzenia i namiętności. Życie w zgodzie z naturą, to znaczy z rozumem, pośród szalejącego świata i wrzasków nienawiści było trudnym doświadczeniem.

Góra naprzeciw pałacu (rękopis)

Góra naprzeciw pałacu Minosa
jest jak grecki teatr tragedia oparta plecami
o gwałtowny stok w rzędach bardzo wonne krzewy
ciekawe oliwki oklaskują ruinę

naprawdę między historią a przyrodą
nie ma istotnego związku
powiedzenie że trawa szydzi z katastrofy
jest wymysłem niepocieszonych i chwiejnych

Szczególny przypadek: proste równoległe
nie przecinają się nawet w nieskończoności

tyle tylko można o tym uczciwie powiedzieć

Tusculum

Nigdy nie ufał szczęściu w linach okrętowych
więc kupił dom z ogrodem nareszcie jak Oni
będzie mógł pisać w harmonii z Naturą
z wysokiej wieży trawy wśród śmiertelnych liści

pracowitość owadów stuletnie wojny chwastów
miłosny rytuał zwierząt morderstwa na oślep
nie było ładu tylko ścieżka wysypana piaskiem
dawała ukojenie

szybko się wycofał w stan tak niewątpliwy
że nikt nie śmiał pytać

hańba tej ucieczki

Brzeg

Czeka nad brzegiem wielkiej i powolnej rzeki
na drugim Charon niebo świeci mętnie
(nie jest to zresztą wcale niebo) Charon
jest już zarzucił tylko sznur na gałąź
ona (ta dusza) wyjmuje obola
który niedługo kwaśniał pod językiem
siada na tyle pustej łodzi
wszystko to bez słowa

żeby choć księżyc
albo wycie psa

Pewni zbyt optymistycznie nastawieni do świata krytycy zarzucają mi pesymizm. Zawsze wydawało mi się to nieporozumieniem. Jeśli nawet w wierszach przeważa tonacja ciemna, nie znaczy to wcale, że autor chce szydzić z niedoskonałości świata i do realnych nieszczęść dodawać swój lament, mnożyć rozpacze. Podobnie jak ironia nie jest cynizmem, ale wstydliwością uczuć, to, co z pozoru wydaje się pesymistyczne, jest stłumionym wołaniem o dobro, o pomnożenie dobra, o otwarcie sumień. A nie jest zapewne przypadkiem, że autorzy radosnych ód kręcili się zawsze na dworach tyranów.

Zejście

Jakby po schodach stąpał choć nie było schodów
bowiem kamienie zbyt opite światłem
gór oddalonych na ramionach nosił
jak zarys skrzydeł Błękitny poranku
dzwonie powietrza z ciepłym sercem rosy
Droga prowadzi przez most koło młyna
i zatrzymaną kępę zielonych obłoków
aż do zatoki gdzie wesoły tłum
ptaków i ludzi topi ciężki zegar

Wyspa

Jest nagła wyspa Rzeźba morza kołyska
groby między eterem i solą

dymy jej ścieżek oplatają skały
i podniesienie głosów nad szum i milczenie
Tu pory roku strony świata mają dom
i cień jest dobry dobra noc i dobre słońce
ocean rad by tutaj złożyć kości
zmęczone ramię nieba opatrują liście
Jej kruchość pośród wrzasku elementów
gdy nocą w górach gada ludzki ogień
a rankiem zanim wybłyśnie Aurora
pierwsze w paprociach wstaje światło źródeł

Dialog z przeszłością, wsłuchiwanie się w głosy tych, co odeszli, dotykanie kamieni, na których pozostały na poły zatarte zapisy dawnych losów, wywoływanie cieni, aby karmiły się naszym współczuciem...

Curatia Dionizja (*Wiersze*, str. 12)

Kamień jest dobrze zachowany Napis (skażona łacina)
głosi że Curatia Dionisia żyła lat czterdzieści
i własnym sumptem wystawiła ten skromny pomniczek
Samotny trwa jej bankiet Zatrzymany puchar
Twarz bez uśmiechu. Za ciężkie gołębie
Ostatnie lata życia spędziła w Brytanii
pod murem zatrzymanych barbarzyńców
w *castrum* z którego pozostały fundamenty i piwnice

Zajmowała się najstarszym procederem kobiet
Krótko ale szczerze żałowali jej żołnierze Trzeciej Legii
i pewien stary oficer

Kazała rzeźbiarzom położyć dwie poduszki pod swój łokieć

Delfiny i lwy morskie oznaczają daleką podróż
choć stąd było tylko dwa kroki do piekła

Wielka księżniczka (rękopis)

Ja Wielka księżniczka
Aleksandra
córka cara
dziś mała staruszka
ostatnia z Romanowych
wiem wszystko
wszystko widziałam
naprzód buty
potem duże ręce
twarzy nie widziałam
koło mnie Olga
powiedziała — papa
Zaraz potem widziałam
włosy zlepione krwią
i stanik aż czarny
wtedy archanioł Gabryjel
wziął mnie w usta
to było gorsze od śmierci
te drugie narodziny

teraz na wydeptanej
łączce dywanika
pod żarówką metropolii
na żelaznym łańcuchu
szczekam albo się śmieję
czasem tylko płaczę
na ostatniej stronie
między rozprutą kasą
a nieznanym topielcem

drwi ze mnie własny grzebień
odwraca się ode mnie załzawiona miednica
po pokoju lata prześcieradło
— kto stoi za kotarą
nie wolno

biały słowik
mieszkający w obciętych warkoczach
za nitkę ciągnie
trzepoczące serce
Wielkiej księżniczki
ostatniej z ostatnich

Gust przeszłości może, ale nie musi oznaczać ucieczki od teraź-
niejszości i rozczarowania. Bo jeśli w podróż w czasie wybieramy
się niezamrożeni, z całym bagażem naszych doświadczeń, jeśli pe-
netrujemy mity, symbole i legendy po to, aby wydobyć z nich to,
co żywe — takim poczynaniom nie można chyba odmówić postawy czynnej.

Na marginesie procesu

Sanhedryn nie sądził w nocy
czerń potrzebna wyobraźni
jaskrawo nie zgadza się ze zwyczajem

jest rzeczą nieprawdopodobną
aby gwałcono święto Paschy
z powodu mało groźnego Galilejczyka
podejrzana wydaje się zgodność opinii
tradycyjnych antagonistów — Saduceuszy i Faryzeuszy

do Kajfasza należało przeprowadzenie śledztwa
ius gladii był w ręku Rzymian
po co więc wołać cienie
i tłum wyjący uwolnij Barabasza

jak się zdaje cała sprawa rozegrała się między urzędnikami
bladym Piłatem i tetrarchą Herodem
postępowanie administracyjne nienaganne
ale któż z tego potrafi uczynić dramat

stąd sceneria płochliwych brodaczy
i motłoch który idzie pod górę imieniem
czaszka

to mogło być szare
bez namiętności

Opis króla (*Wiersze*, str. 19)

Broda króla na którą tłuszcze i owacje
spadały tak że ciężka stała się jak topór
ukazuje się nagle skazańcowi we śnie
i na lichtarzu ciała sama świeci w mroku

Jedna ręka od mięsa wielka jak prowincja
po której oracz lizie snuje się korweta
Ręka berłem władnąca zeschła od dystynkcji
zsiwiała od starości jak stara moneta

W klepsydrze serca piasek sączy się leniwie
Nogi zdjęto z butami W kącie jak na warcie
stoją gdy nocą tężejąc na tronie
król bezpotomnie trzeci wymiar traci

Próba rozwiązania mitologii (Wiersze, str. 20)

Bogowie zebrali się w baraku na przedmieściu. Zeus mówił jak zwykle długo i nudnie. Wniosek końcowy: organizację trzeba rozwiązać, dość bezsensownej konspiracji, należy wejść w to racjonalne społeczeństwo i jakoś przeżyć. Atena chlipała w kącie. Uczciwie — trzeba to podkreślić — podzielono ostatnie dochody. Posejdon był nastawiony optymistycznie. Głośno ryczał, że da sobie radę. Najgorzej czuli się opiekunowie uregulowanych strumieni i wyciętych lasów. Po cichu wszyscy liczyli na sny, ale nikt o tym nie chciał mówić. Żadnych wniosków nie było. Hermes wstrzymał się od głosowania. Atena chlipała w kącie.

Wracali do miasta późnym wieczorem, z fałszywymi dokumentami w kieszeni i garścią miedziaków. Kiedy przechodzili przez most, Hermes skoczył do rzeki. Widzieli, jak tonął, ale nikt go nie ratował.

Zdania były podzielone; czy był to zły, czy przeciwnie, dobry znak. W każdym razie był to punkt wyjścia do czegoś nowego, niejasnego.

Brak węzła (Wiersze, str. 21)

Klitajmestra otwiera okno, przegląda się w szybie, by włożyć swój nowy kapelusz. Agamemnon jest w przedpokoju, zapala papierosa, czeka na żonę. Do bramy wchodzi Agistos. Nie wie, że Agamemnon wczoraj w nocy wrócił. Spotykają się na schodach. Klitajmestra proponuje, aby pójść do teatru. Odtąd często będą chodzili razem.

Elektra pracuje w spółdzielni. Orestes studiuje farmację. Wkrótce ożeni się ze swą nieostrożną koleżanką o bladej cerze i wiecznie załzawionych oczach.

Ozdobne i prawdziwe

Trójwymiarowe ilustracje z żałosnych podręczników. Śmiertelnie biali, z suchym włosem, pustym kołczanem i zwiędłym tyrsem. Stoją nieruchomo na jałowych wyspach, wśród żywych kamieni, pod liściastym niebem. Symetryczna Afrodyta, Jowisz opłakiwany przez psy, Bakchus opity gipsem. Hańba natury. Liszaje ogrodów.

Prawdziwi bogowie tylko na krótko i niechętnie wchodzili w skórę kamieni. Potężne przedsiębiorstwo gromów i jutrzni, głodu i złotych deszczów, wymagało niezwykłej ruchliwości. Uciekali ze spalonych miast, uczepieni fali żeglowali na odległe wyspy. W żebraczych łachmanach przekraczali granice czasów i cywilizacji.

Tropieni i tropiący, spoceni, krzykliwi, w nieustannym pościgu za uciekającą ludzkością.

Paracelsus powiedział, że stworzenie świata przez Boga było niedokończone i że człowiek został powołany po to, aby dokończyć dzieła Stworzenia. Jest to bardzo piękne humanistyczne wyznanie.

Poczucie kruchości i nikłości ludzkiego życia wydać się może mniej przygnębiające, jeśli umieści się je w łańcuchu dziejów, które są przekazywaniem wiary w celowość wysiłków i dążeń. Wtedy nawet trwoga będzie niczym innym niż wołaniem o nadzieję.

Dom poety

Kiedyś był tu oddech na szybach, zapach pieczeni, ta sama twarz w lustrze. Teraz jest muzeum. Wytępiono florę podłóg, opróżniono kufry, pokoje zalano woskiem. Całymi dniami i nocami otwierano okna. Myszy omijają ten zapowietrzony dom.

167

Łóżko zasłano porządnie. Ale nikt nie chce tu spędzić ani jednej nocy. Między jego szafą, jego łóżkiem a jego stołem — biała granica nieobecności, ścisła jak odlew ręki.

* * * (*Co będzie kiedy ręce... Wiersze*, str. 3)

co będzie
kiedy ręce
odpadną od wierszy

gdy w innych górach
będę pił suchą wodę

powinno to być obojętne
ale nie jest

co stanie się z wierszami
gdy odejdzie oddech
i odrzucona zostanie
łaska głosu

czy opuszczę stół
i zejdę w dolinę
gdzie huczy
nowy śmiech
pod ciemnym lasem

* * * (*Układała swe włosy*, rękopis)

Układała swoje włosy
przed snem i przed lustrem
Trwało to nieskończenie długo Między jednym
a drugim zgięciem ręki w łokciu
mijały epoki. Z włosów wysypywali się cicho
żołnierze III Legii, Święty Ludwik ze swymi krzyżowcami
artylerzyści spod Verdun
Mocnymi palcami
upewniała glorię nad swoją głową
Trwało to tak długo
że kiedy wreszcie
rozpoczęła swój rozkołysany marsz
ku mnie
Serce moje tak dotąd posłuszne
stanęło
i na skórze pojawiły się
grube ziarna soli

V. Charaktery

O moim przyjacielu
[Jerzym Ficowskim]

Wydawca prosił, abym napisał parę słów o Jerzym Ficowskim. Nie będzie to łatwe. Trudność polega na tym, że nie mam krytycznego dystansu ani do osoby, ani do książek autora. Jerzy jest dla mnie człowiekiem i poetą bliskim. Wyrażając się wojskowo, należymy do tego samego rocznika poborowych. Obaj byliśmy żołnierzami tej samej armii walczącej z hitlerowskim okupantem. Po wojnie nie skapitulowaliśmy przed stalinowskim i poststalinowskim totalitaryzmem. Obdarzano nas za to często i hojnie zakazami publikacji. W naszym kraju jest to wyróżnienie szczególne, posiadające wyższą rangę społeczną niż wszystkie medale i nagrody państwowe razem wzięte.

Zawsze imponowała mi rozległość zainteresowań Ficowskiego — nie tylko świetny poeta, ale także tłumacz liryki hiszpańskiej, ludowej twórczości żydowskiej, znawca folkloru cygańskiego, etnograf, wydawca pism zamordowanego w getcie prozaika Brunona Schulza. To tylko niektóre dziedziny jego pasji.

Odmienność literatur — tej, która powstaje w krajach wystawionych na ciężkie doświadczenia historii, i tej pisanej w sferach względnego spokoju i stabilizacji — nie polega na różnicach stylu czy estetycznych finezjach. Dlatego trudno orzec, która jest lepsza, a która gorsza w rejonach absolutnego piękna. Inność zasadza się na różnym pojmowaniu istoty i zadań pisarstwa.

Mówiąc krótko — poeci mieszkający w strefach burzy mają poczucie odpowiedzialności za los zbiorowy, przyjęli na siebie obowiązek dawania świadectwa prawdzie nie tylko indywidualnej, natomiast mniej zajmują się przygodami własnej duszy i opiewaniem zranionego *ego*.

Wydaje mi się, że muzą poezji Ficowskiego jest Mnemozyne, czyli wyrażając się mniej górnolotnie — pamięć. Mamy gorzką świadomość, że żadne najbardziej nawet przejmujące i szlachetne pisanie nie może uratować świata ani nawet jednej ludzkiej istoty. Z tego kalectwa należy wyciągnąć wniosek pozytywny, a mianowicie ten, że nie ma takiej siły, nie ma takiej instancji, która mogłaby nas zwolnić od piętnowania zbrodni i przemawiania w imieniu ofiar.

Opisanie bezprzykładnej zbrodni hitlerowskiej dokonanej na polskich Żydach jest zadaniem ponad siły każdego eposu, każdej powieści, każdej nawet prozy dokumentarnej. Wielkie statystyczne cyfry nie przemawiają do wyobraźni. W *Odczytaniu popiołów* Ficowski dokonał rzeczy, zdawałoby się, niemożliwej — nadał artystycznie przekonywający kształt temu, czego nie można ogarnąć słowem, przywrócił bezimiennym ludzką twarz, ludzkie indywidualne cierpienie, a zatem godność. Na przekór faryzejskiej obojętności i zmowie milczenia wymierzył raz jeszcze sprawiedliwość widzialnemu światu.

Pierwsze spotkanie
[Siegfried Unseld 1924–2002]

Siegfrieda Unselda poznałem dwadzieścia lat temu, wiosną lub jesienią roku 1964, z okazji wydania u niego mojej pierwszej książki w języku niemieckim. Wracałem wtedy z Francji do Polski (w ramach mego prywatnego i nie zawsze fortunnego dialogu Wschód–Zachód), zboczyłem więc do Frankfurtu, aby stanąć twarzą w twarz z moim wydawcą. Nic o nim wówczas nie wiedziałem. Sądziłem, że ludzie skazani na czytanie cudzych rękopisów, przymusowe zajmowanie się duchowymi przygodami i przypadłościami osób postronnych, muszą w końcu zapaść na atrofię życia osobistego. A tymczasem Siegfried Unseld był zupełnie normalny, wyposażony w poczucie humoru, łatwy w kontakcie, bo rozumiał, albo świetnie udawał, że rozumie, co mówiłem do niego okropną niemczyzną. Wysoki, muskularny, najwyraźniej zadowolony ze swojej fizycznej powłoki, sprawiał na mnie wrażenie zawodnika, który porzucił właśnie sport wyczynowy i zajmuje się teorią narciarstwa alpejskiego lub jest trenerem jakiejś ważnej ligowej drużyny.

Rozmowę rozpoczęliśmy od wspomnień wojennych i na pewno ja to sprowokowałem. Miałem wtedy taki może nieładny zwyczaj, że od ludzi mego pokolenia, a szczególnie od tych, którzy, mówiąc delikatnie, nie byli moimi aliantami, wyciągałem na własny użytek informacje, opowieści, zwierzenia — co pozwalało umiejscowić ich w historycznym czasie i przestrzeni. Ustaliliśmy ponad wszelką wątpliwość, że działaliśmy na odległych od siebie teatrach działań militarnych, to znaczy nie mieliśmy żadnej fizycznej możliwości, aby definitywnie anulować nasze późniejsze spotkanie. Co prawda, nie brak było ochotników, którzy chętnie zrobiliby to za nas.

Potem przeszliśmy do literatury i Siegfried, sondując zapewne dyskretnie stan mojej kulturalnej świadomości, zapytał, jakich to poetów niemieckich naszego stulecia cenię sobie najwyżej. Rilke — odpowiedziałem zuchwale i bez namysłu. Trzeba wiedzieć, że w tych zamierzchłych czasach Rilke nie był modny i przyznawali się do niego nieliczni, ocaleni z pogromów drobnomieszczanie. Prawidłowa odpowiedź powinna brzmieć — Brecht, ale ten wybitny pisarz mało mnie pociągał, zarówno ze względów artystycznych, jak i pozaartystycznych. Na koniec bąknąłem coś o Gotfrydzie Bennie — a to już było całkiem fatalne. Mój rozmówca nie zdradzał swoich emocji, jak antropolog, który po raz pierwszy w życiu rozmawia z autentycznym dzikusem.

Trzeci temat dotyczył literatury polskiej, konkretnie tych książek, które warto przyswoić czytelnikowi niemieckiemu. Siegfried Unseld borykał się mężnie, próbując wymówić takie egzotyczne nazwiska, jak Witkiewicz, Szymborska, Szczepański. I wtedy uświadomiłem sobie nagle rzecz ważną — ten człowiek kocha literaturę, a ponieważ jest pasjonatem, kocha ją zachłannie, zaborczo, chciałby mieć wszystko, co godne jest posiadania — natychmiast i na całą wieczność.

Powiecie, że to normalne, należy po prostu do fachu. Nie jestem tego pewien, przynajmniej w tym konkretnym przypadku. Trzeba bowiem szaleństwa lub, jeśli wolicie, idealizmu (Unseld jest zimnym szaleńcem i trzeźwym idealistą), aby z takim uporem, przez lata, pozostać wiernym „swoim", niekoniecznie popularnym autorom. Wielki Paul Celan jest tego wymownym przykładem.

Tego samego dnia, po spotkaniu w wydawnictwie, zostałem zaproszony do domu państwa Unseldów. Było sporo gości. Gospodarz powiedział zebranym parę ciepłych słów o mnie i ku memu bezgranicznemu zdumieniu wyrecytował na pamięć jeden z moich wierszy (bez błędu). Nikt w to nie uwierzy, ale tak było naprawdę. Moja próżność została zaspokojona, jednocześnie jednak ogarnęło mnie złe przeczucie. Ponieważ wciąż poszukiwałem klucza do najgłębszej istoty Siegfrieda Unselda, pomyślałem, że zawód wydawcy, jest być może jego maską, a naprawdę, w tajemnicy przed wszystkimi, przygotowuje on swój wielki debiut literacki. Jeśli sprawy przybiorą taki obrót, dalszy ciąg łatwy jest do przewidzenia: z artystyczną fantazją doprowadzi firmę do ruiny, a moja świeżo narodzona książeczka będzie sprzedawana za parę fenigów w sklepach ze starzyzną.

Nigdy nie mogłem zrozumieć, jakie siły ziemskie czy nadprzyrodzone mogą zmusić zdrowego i wykształconego mężczyznę, aby został wydawcą. Przecież już sam kontakt z autorami (egotyści *ex definitione*) odbiera normalnemu człowiekowi dobre samopoczucie, a nawet ochotę do życia. Mówię to z głębi doświadczenia. Bo o czym marzy każdy, nawet najlichszy poeta? Żeby mieć swego „Osobistego Wydawcę", oddanego mu na wyłączną własność jak kochająca, niewyemancypowana kobieta. O piękna Utopio! Dopóki to nie nastąpi, w realnych Utopiach kontynuowane są wysiłki, aby zapewnić pisarzom — osobistego nadzorcę i cenzora.

Bez większego trudu można ułożyć wielotomową antologię (od antyku po współczesność) zawierającą skargi i żale autorów na ich wydawców. Producent rękopisów i producent książek wydają się, z natury rzeczy, niedobraną parą, skazaną na siebie i na wieczny antagonizm. Zdarzają się jednak chwalebne wyjątki. Czy ta książeczka, do której teraz piszę, uwydatni rysy pozytywnego wydawcy bez jubileuszowych pochlebstw, ale także bez ironii? Bardzo bym tego pragnął.

Co do mnie, prowadzę nadal wytężone studia nad charakterem Siegfrieda Unselda. Wbrew pozorom nie jest on osobowością tak jednoznaczną i prostą, za jaką sam się uważa i jaką jest w oczach innych. Ostateczne wyniki moich badań ogłoszę przy okazji następnej okrągłej rocznicy.

W ciągu długich lat Siegfried okazał się partnerem cierpliwym, wielkodusznym, a nade wszystko lojalnym. Wydawca i przyjaciel. W poetyce taka figura, w której zestawia się wyrazy o sprzecznym, wykluczającym się nawzajem znaczeniu, nazywa się — oksymoron.

[Ormiańska babcia]

Miłosz a Izrael. Miłosz uchodzi za przyjaciela Żydów, bo to modne w Ameryce i postępowe. Ja nie jestem przyjacielem Żydów, tylko niektórych Żydów, którzy mi się podobają, i nawet nie zdaję sobie często sprawy, że są to Żydzi, tylko ludzie jak inni, a więc w swojej masie mądrzy i głupi, źli i dobrzy. Kochać obowiązkowo i bez zastrzeżeń wszystkich Żydów toż to przecież rasizm *à rebours*, ustawy norymberskie na odwyrtkę. I ci Żydzi, których lubiałem po prostu jako mądrych i dobrych ludzi, odwzajemniają moją sympatię i ileż to razy w życiu pomogli mi. Są niezawodni w przyjaźni, najczęściej ciency, dyskretni i bardzo lojalni.

Powiedziałem, że traktuję Żydów tak jak innych, i to jest niepełna prawda. Traktuję ich z pewną zdecydowaną nadwyżką uczuciową (ale nie jestem filosemitą — bo to jest domena kryptoantysemitów), dlatego i tylko dlatego, że jako mały chłopiec czy dziecko nawet bawiłem się z nimi w piasku, chodziłem do szkoły, siedziałem w jednej ławce i bywało, że poszturchałem się z nimi o jakiś scyzoryk, bułkę z szynką czy kałamarz.

Moją, jeśli dobrze pamiętam, pierwszą miłością była Sarah Fasslich, córka kupca towarów krótkich (*Kurzwaren*). Moje życie uczuciowe było bardzo bogate, natomiast erotyczne raczej skromne i biedne [dopisek na marginesie: Tak było zawsze]. Sarah miała 6 albo 7 lat i od święta nosiła cudowną obcisłą sukienkę z czarnego aksamitu: miała już piersi, co doprowadzało mnie do obłędu. Ja miałem lat 5, więc Sarah przyjmowała moje ciche uwielbienie, moje policzki, które na jej widok stawały się czerwone, i wlepione w nią oczy i odymała małe pełne czerwone usta, tak jakby chciała powiedzieć: „Nic z tego, bo jesteś smarkacz".

Dzieliła nas jak w dobrej powieści kondycja socjalna. Ona, córka biednego kupca, u którego moja ormiańska babcia (największa i trwająca do dzisiaj miłość mego życia, choć nie ma jej już dawno pośród żywych), a więc babcia w sklepie Fasslicha ojca, mego niedoszłego teścia, kupowała knotki do lampki oliwnej, która stale paliła się w jej pokoju przed małym obrazkiem św. Antoniego z Padwy (mój Lwów, w którym wszystko to się działo, był miastem polskim, żydowskim, ukraińskim, ale także włoskim tą swoją niepowtarzalną słodyczą, wiecznym uśmiechem, humorem i bohaterstwem — tym wojennym i codziennym).

Moja babcia, moja babcia, moja babcia — smakować będę to słowo do końca życia — żeby jakoś zracjonalizować to kupowanie dewocjonaliów (niemal monopol Żydów w Polsce międzywojennej) u starozakonnego, twierdziła, że Fasslich ma najlepsze i najtańsze knotki do oliwnych lampek na świecie. W istocie babcia z potrzeby serca, bo ideologiem nie była, uprawiała prywatną akcję popierania drobnego handlu żydowskiego. Nie była tak wyrafinowana jak najznakomitszy polski eseista Jerzy Stempowski, który w środku kampanii skierowanej przeciwko żydowskiemu handlowi [dopisek na marginesie: Kampanii nie reżymowej, ale firmowanej przez obóz polskich nacjonalistów, którzy nie byli wcale władcami umysłów i serc, ale byli najbardziej krzykliwi, brutalni i widoczni] — bojowe zawołanie tej kampanii: „Nie kupuj u Żyda" — mam nawet w bibliotece tomik wierszy poety lwowskiego z tym haniebnym nadrukiem — otóż pan Stempowski, szlachcic z dziada pradziada, wstępował do sklepów jawnie polskich i z głupia frant pytał: „Przepraszam, czy to jest firma żydowska?". „Ależ nie" — odpowiadano mu z wyniosłą dumą. Na to Stempowski: „No to ja jeszcze raz przepraszam, bo ja szukam firmy żydowskiej".

Moja babcia działała odruchowo. Prowadziła zakrojoną na ogromną skalę akcję charytatywną, babciny plan Marshalla obejmujący wszystkich ubogich, którzy znaleźli się w zasięgu jej królewskiego serca. Ja byłem jej cichym wspólnikiem, zausznikiem, współwykonawcą jej przestępczej działalności — słowem, współzbrodniarzem.

Babcia miała podopieczną, którą w skrócie nazywaliśmy Garbateńka, bo rzeczywiście była to zasuszona garbata kobieta bez określonego wieku, zawodu i pochodzenia. Mieszkała w suterynie wilgotnej o betonowej posadzce [dopisek powyżej: podłodze], więc babcia kupowała oczywiście u Żydów — mówię dobrze: kupowała (bo wstyd wyznać, trochę się targowała, wstępowała do różnych kramów, ale chyba nie na serio, ale zgodnie z ogólnie obowiązującą wschodnią zasadą wszelkiego komersu, która mówi, że trzeba się targować) — futerko, chyba z kotów, pod łóżko dla Garbateńkiej. Babcia nie była sentymentalna (tylko źli ludzie są sentymentalni) i zawsze starała się zracjonalizować swoje czyny miłosierdzia, choćby jej to słabo wychodziło. Więc jak w końcu wytargowaliśmy tę skórę z paru zabitych bestialsko kotów, babcia mówiła: Zaniesiemy to do Garbateńki, niech sobie podścieli pod łóżkiem, bo jak rano spuści te swoje gołe nogi z łóżka, to może się przeziębić i dostanie gruźlicy. Gruźlica i garb to stanowczo za dużo.

No więc idziemy do Garbateńki, babcia po drodze kupuje cukierki ślazowe (oczywiście u Żydów). Cukierki ślazowe kupiec odcinał nożem z ogromnego bloku, który wyglądał jak płynny brązowy kamień, głęboko brązowy jak woda w stawie o torfowym dnie. Te cukierki to manewr obronny, bo babcia jest Ormianką, a mówiono u nas, że Ormianie są bardzo sprytni.

U Garbateńki. Babcia: No i jak tam, droga, jak zdrowie i co słychać. Garbateńka odwija cukierki ślazowe z papieru, częstuje nas, jedne są duże, inne małe, mają ostre brzegi i ranią dziąsła. Garbateńka coś tam snuje, jęczy, narzeka, babcia po chwili wstaje energicznie. Ja jeszcze do pani zajrzę, a tam pod drzwiami jest jakiś pakunek dla pani. Ktoś nam dał to na schodach. Do widzenia.

I w nogi. Z suteryny na parter, z parteru na ulicę, potem w bok albo na lewo, albo na prawo, żeby uniknąć ewentualnego pościgu wdzięczności.

Przystajemy zdyszani. Babcia trzyma mnie za ręce. Lubię jej ciepłe, trochę wilgotne i mocne dłonie. Zanosimy się śmiechem. Jeszcze raz udała się sztuczka. Nigdy w życiu tak się lekko i radośnie nie śmiałem.

François Bondy

François Bondy poznałem w Paryżu na początku lat sześćdziesiątych przez mojego kochanego przyjaciela Konstantego Jeleńskiego, który znając moją, by tak rzec, delikatną sytuację finansową, dawał mi z kasy Kongresu Wolności Kultury zaliczki na poczet różnych michałków, wierszy, opowiadań, które miały się ukazać w organie Kongresu „Preuves" — ale jakoś nigdy się nie ukazały. Dodam, że François i Konstanty byli filarami Kongresu. Swoją sytuację uznałem za mało zaszczytną, ale dopuszczalną — coś w rodzaju zapomogi czy wynagrodzenia za zbyteczną pracę. François Bondy przypominał młodego uczonego wiedeńskiego. Był w miarę roztargniony, astmatyczny z powodu wdychania wielkiej ilości pyłów bibliotecznych. Nic, co się działo we współczesnej literaturze, nie było mu obce. Jeśli ktoś napisał tomik wierszy w Clochemerle, François wiedział o tym pierwszy. A wiedzę swoją roznosił po świecie — mówił o Kafce w Tokio, o Joysie na Wybrzeżu Kości Słoniowej i o nowej poezji albańskiej w Berlinie. Ton jego odczytów, a także rozmów prywatnych nacechowany był ciepłą ironią. Ironia ta znikała, gdy mowa była o Gombrowiczu, którego Konstanty i François nadymali do wymiarów ponadnaturalnych.

Wszystko było dobrze, europejsko, światowo, dowcipnie, lekko, parysko — aż nagle jak grom z jasnego nieba spadła wiadomość, że Kongres Wolności Kultury i miesięcznik „Preuves" (jak i parę innych miesięczników) — finansuje CIA. Ja domyślałem się tego od dawna i przypuszczałem chyba logicznie, że zjazdu intelektualistów pięciu kontynentów w Rio de Janeiro nie opłacają krasnoludki ze swoich oszczędności. Dla współpracowników Kongresu i jego misjonarzy, i apostołów był to jednak cios dotkliwy. Więc teraz biegali z pokoju do pokoju, usiłowali napisać jakiś wspólny manifest o tym, jak podstępnie zostali oszukani, ale że ich cnota nienaruszona i że nadal będą pracować nad świętym przymierzem wszystkich intelektualistów obu półkul. Rwetes był niesłychany, trzaskanie drzwiami, okrzyki, hektyczne rumieńce na twarzach, a jeden z obrońców wolności kultury usiłował, na ceratowej kanapce, umrzeć — gdyż tylko śmierć mogła zmyć tę hańbę. W ogólnym zamęcie nie dostrzegłem jakoś François. Potem spotkaliśmy się parokrotnie w Berlinie. Po którymś swoim odczycie zaprosił mnie do Włochów na kolację. Skończywszy *dolce*, przepłukał usta białym winem i zaczął mówić swoim cichym, melodyjnym głosem. A mówił jak nigdy, o powszechnym upadku literatury, o grozie mass mediów, załamaniu wszelkich norm moralnych i estetycznych, o potężnych mechanizmach ekonomicznych, które z coraz bardziej zatruwanej masy papieru wybierają na oślep autorów bez talentu i przyszłości, by po kilku miesiącach zanurzyć ich znów na samo dno grzęzawiska makulatury. Słuchałem tego z przejęciem, François objawił mi się bez maski, bez cynicznej pozy, bez ironicznego zaśpiewu, ujmująco bezradny, zatroskany, tragiczny nawet. Biedny François — myślałem sobie — który musisz czytać niezmierzoną ilość książek nieudolnych, głupich i usiłować dostrzec tu i ówdzie iskierkę ducha, uncję talentu. Mój biedny, smutny komiwojażerze literatury. Nigdy jeszcze nie czułem tak wielkiej sympatii dla niego. Wybaczyłem mu nawet, że sprzątnął mi sprzed nosa urodziwą młodą damę.

Ważne rozmowy, jak wiemy, są nieuchronnie krótkie. Zamykano właśnie restaurację.

Trudno mi wyobrazić go sobie w Szwajcarii. Co robi ten niespokojny duch w kraju monotonnie tykających zegarów? Jak ocenia czas miniony i co myśli o przyszłości? Czy to już koniec kultury, czy poczłapie jeszcze kilka kroków? A może on po prostu wypoczywa, chodzi na długie spacery, herboryzuje jak Jan Jakub?

Nie widzę Ciebie jasno, François. Dlatego proszę, żebyś przyjął mój przyjazny uśmiech w nadziei, że będzie on miał siłę przebić się przez Alpy.

[O Josifie Brodskim]

I. Jestem wstrząśnięty wiadomością o śmierci Josifa Brodskiego. Nie był tym, kogo nazywa się „mój serdeczny przyjaciel", ale czułem do niego coś więcej niż uczucie przyjaźni; uczucie głębokiego braterstwa i zrozumienia. Odszedł największy w moim przekonaniu poeta języka rosyjskiego. Odszedł nagle, tak jak żył, w pośpiechu. Tak jak robił wszystko, jak gdyby chciał zdążyć i ubiec Pana Boga. Był człowiekiem wspaniałym, ciepłym, szczerym, autentycznym, nade wszystko autentycznym. Żadnej pozy literackiej, żadnego cygaństwa, żadnego udawania, że jest się kimś innym niż tylko tym, kim się w rzeczywistości jest. Jest mi, muszę powiedzieć, ciężko mówić w tej chwili o nim, gdyż jest to cios osobisty, chociaż nigdy nie chodziliśmy wspólnie tymi samymi drogami. Może właśnie dlatego, że zabrakło tego czasu. Chciałbym pochylić się nad jego trumną i powiedzieć: Śpij spokojnie, Josifie.

II. W roku 1964 w Leningradzie toczył się proces przeciwko młodemu człowiekowi oskarżonemu o złośliwe uchylanie się od pracy. Oskarżony bronił się, że jest z zawodu poetą i tłumaczem. „A gdzieście nauczyli się, żeby być poetą? — naciskał sędzia. — Nie myślałem, że można to zdobyć wykształceniem. Myślę, że to... od Boga".

Mówimy o Josifie Brodskim, który za uczęszczanie do najlepszej, choć nieoficjalnej, szkoły został skazany w totalitarnym państwie na pięć lat robót na Syberii. Przedwcześnie zwolniony pod naciskiem protestów opinii światowej, wygnany z własnego kraju w 1972 wyemigrował do Stanów Zjednoczonych i tam — aby użyć nie całkiem właściwego zwrotu — robi „zawrotną karierę" jako poeta i eseista. W roku 1986 otrzymał literacką Nagrodę Nobla. Zmarł nagle, we śnie, u szczytu sławy w styczniu tego roku.

Wraz z nieliczną garstką największych twórców XX wieku Josif Brodski wiernie stał na straży słowa, strzegł jego powagi i godności. Władał nim mistrzowsko z siłą i precyzją, aby stawić opór kłamstwu i barbarzyństwu.

Pamiętajmy o nim z wdzięcznością za to, że prowadził nas do tych — znanych tylko wielkim poetom — miejsc,

gdzie piękno łączy się z dobrem
zachwyt z dziękczynieniem
cierpienie z nadzieją.

Zgromadzeni tutaj z kapłanem przy Świętej Ofierze prośmy o spokój duszy dla naszego brata Josifa, o wieczny odpoczynek i wiekuiste Światło.

Komentarze i objaśnienia

I. Szkice

Hamlet na granicy milczenia. Pierwodruk „ZL" 2001 nr 4 / 76, s. 55–63. Przedruk Zbigniew Herbert, Henryk Elzenberg, *Korespondencja*. Redakcja i posłowie oraz opracowanie do druku tekstów i przypisów Barbara Toruńczyk. Warszawa, Zeszyty Literackie, 2002, s. 125–136. Pod ostatnim akapitem rękopisu Herbert umieścił datę „31.VII.952". Przedstawił go profesorowi Elzenbergowi i skierował do druku w „Tygodniku Powszechnym", pisząc do jego redaktora Jerzego Turowicza: „Jest to moja pierwsza próba w trudnym rodzaju *essayu* [...]". Z czasem uznał pracę za zaginioną „w różnych koszach i szufladach redakcyjnych". Szkic odnalazł się dopiero przy opracowywaniu w kwartalniku „Zeszyty Literackie" korespondencji Herbert / Elzenberg, odszukany w archiwum Poety po jego śmierci na naszą prośbę staraniem Piotra Kłoczowskiego i Henryka Citko. Więcej o nim w: Zbigniew Herbert, Henryk Elzenberg, *Korespondencja*, dz. cyt, s. 34, 37, 43 oraz w: Zbigniew Herbert, Jerzy Turowicz, *Korespondencja*. Z autografów odczytał, opracował, przypisami i posłowiem opatrzył Tomasz Fiałkowski. Kraków, Wydawnictwo a5, 2005, s. 43–44 i 47.

Objaśnienia:

Dyskusja z Ireną Pannenkową — Na łamach „Tygodnika Powszechnego" wiosną 1952 przetoczyła się dyskusja o Hamlecie, wypowiedzieli się w niej Józef Marian Święcicki i Zygmunt Kubiak, a w nr. 19 zabrała głos Irena Pannenkowa artykułem *Czy zemsta może być cnotą?*

Opracowała i podała do druku Barbara Toruńczyk na podstawie rękopisu i maszynopisu z odręcznymi poprawkami Autora.

Holy Iona, czyli Kartka z podróży. Pierwodruk „ZL" 2002 nr 1 / 77, s. 51–52.

Według informacji zawartych w listach Klausa Staemmlera do Herberta szkic powstał na zamówienie stacji radia WDR (Westdeutscher Rundfunk) w Kolonii, 1966. Staemmler przetłumaczył go na język niemiecki dla tego radia, następnie ogłosił pt. *Grüssende Lichter* w grudniu 1966 jako okolicznościową kartkę bożonarodzeniową dla przyjaciół. Nieznacznie zmieniony, w tym samym przekładzie, pt. *Holy Iona* wydrukowany w: Zbigniew Herbert, *Ein Barbar in einem Garten 2*, Frankfurt am Main, Suhrkamp Verlag, 1969, s. 133–135 (ustalenia Henryka Citko). Maszynopis z odręcznymi poprawkami Autora odnaleziono w archiwum Herberta w wyniku poszukiwań wszczętych przez redakcję „ZL" poinformowanej o istnieniu niemieckojęzycznej wersji szkicu. Dowiedzieliśmy się o tej edycji od czytelniczki kwartalnika, miłośniczki i znawczyni eseistyki Herberta, Darii Mazur. We wnikliwym szkicu Herbert nieznany, czyli Światło Iony („ZL" 2002 nr 1 / 77, s. 187–192) sugeruje ona, że Herbert odbył swoją podróż na Ionę (właściwa nazwa wyspy w archipelagu Hebrydy) niejako z chęci dotarcia do Ultima Thule, terenów przez starożytnych i wczesnych chrześcijan uznawanych za kres ludzkiego świata; Mazur omawia też esej Herberta, Pana Montaigne'a podróż do Italii (po niemiecku oba szkice ogłoszono w tym samym tomie, dz. cyt.). Podzielamy intuicję autorki. Eseje te miały naszym zdaniem stanowić zarodek projektowanego tomu o podróżach, powstały w latach 1965–66. Z wyspą i jej legendami Herbert mógł się zetknąć w Szkocji, 1963, kiedy oglądał Wał Hadriana, najdalszą północną granicę Imperium Rzymskiego. W wierszu Modlitwa Pana Cogito — podróżnika z tomu Raport z oblężonego Miasta czytamy: „Miss Helen z mglistej wysepki Mull na Hebrydach [...] przyjęła mnie po grecku i prosiła żeby w nocy zostawić w oknie wychodzącym na Holy Iona zapaloną lampę aby światła ziemi pozdrawiały się". Pierwodruk szkicu o podróży Montaigne'a ukazał się w Polsce w roku 1966 na łamach „Tygodnika Powszechnego" nr 10; przedruk w: Z. Herbert, „Węzeł gordyjski" oraz inne pisma rozproszone 1948–1998. Zebrał, opracował i notami opatrzył Paweł Kądziela. Warszawa, Biblioteka „Więzi", 2001, s. 39–43.

Opracowała i do druku podała Barbara Toruńczyk.

Diariusz grecki. Pierwodruk „ZL" 1999 nr 4 / 68, s. 43–57.

Diariusz oparty jest na zapiskach z pierwszej podróży do Grecji, 1964, wielokrotnie przetworzonych. Maszynopis z odręcznymi poprawkami Autora powstał przed wyjazdem Herberta do USA, 1970. W roku 1972 Herbert stwierdził w rozmowie z Krystyną Nastulanką: „Próbowałem czegoś w rodzaju diariusza, ale to materiał z natury rzeczy surowy, uniemożliwiający syntezę" (Herbert nieznany. Rozmowy. Warszawa, Zeszyty Literackie, 2008, s. 42). Pewne sformułowania zanotowane w Diariuszu weszły do tomu Z. Herberta Labirynt nad morzem (pierwodruk Warszawa, Zeszyty Literackie, 2000) składającego się, w wersji złożonej przez Autora w wydawnictwie Czytelnik 15 V 1973, ze szkiców na ogół ogłoszonych w krajowej prasie w latach 1965–73. Zwłaszcza kilka fragmentów z rozdziału KRETA, poddanych niewielkim zmianom redakcyjnym, odnajdujemy w tytułowym rozdziale książki, drukowanym pt. Labirynt nad morzem, „Twórczość" 1973 nr 2. W dwustronicowym odręcznie sporządzonym przez Herberta „spisie zawartości" Diariusza (wykaz „incipitów" poszczególnych notatek składających się na opis danego miejsca) figuruje jeszcze jedna część. Przytaczamy ją poniżej, odtworzoną z zapisków Herberta w rękopisie:

Delos

Wyspa leży płasko na morzu. Z daleka wygląda jakby usypana z drobnych kamieni. Jest jasna, nasycona światłem. Jedyne wzniesienie na zachodzie — wzgórze Kyntos. Światło migotliwe, jakby powietrze zapaliło się tysiącem drobnych płomieni.

Na zwiedzanie pozostało tak niewiele czasu. Cały pobyt na Delos, na którym chciałbym zasnąć i obudzić się, i znów zasnąć, i obudzić się.

Zawsze mam to uczucie, że wkraczając do domów prywatnych (nie można nawet zapukać w ścianę powietrza), popełniamy niedyskrecję, ale błądzenie w „dzielnicy teatralnej" — był to chyba Szesnasty Paryż Delos — jest wielkim przeżyciem. Jestem sam, rozkosznie sam. Wyprzedziłem galopującą wycieczkę.

Najpiękniejszy jest chyba Dom Hermesa na zboczu pagórka Ghlast ropi. Ma perystyl o dwu piętrach. Pokoje, kuchnie, łazienki oddychają ciepłem dawnych mieszkańców. Tutaj znaleziono podstawę hermy z podpisem Praksyteles — kartka tytułowa arcydzieła, które zaginęło.

Dionizos z Domu Masek. Mozaika z epoki hellenistycznej. Dionizos siedzi na panterze, ale nie okrakiem, tylko w pozie kobiecej. W jednej ręce ma tyrs, w drugiej tamburyn. Ubrany jest w długą teatralną szatę. Ma wyraz twarzy melancholijny i sceptyczny, jakby nie wierzył już w swoją misję. Jesień mitu.

Naprzeciw archaicznego torsu statuy Apollona (w notatkach, które robiłem, napisałem, nie wiem dlaczego: tors Napoleona) przypominam sobie — a jest to przypomnienie nie filozoficzne, ale estetyczne — sonet Rilkego *Archäischer Torso Apollos*, który kiedyś umiałem na pamięć:

Wir kannten nicht sein unerhörtes Haupt.

Dalej jest gorzej, przychodzą z mroków pamięci *blenden* — *Drehen* i *gehen*. Torso ożywia się. Widzę teraz wyraźnie zarys ramion, szczątki szyi i podzieloną na dwoje klatkę piersiową.
Dalej jest o gwieździe:

...denn da is keine Stelle,
die dich nicht sieht.

[w przekładzie Mieczysława Jastruna, *Starożytny tors Apollina*: „Myśmy nie znali jego głowy niesłychanej, / gdzie dojrzewały gałki oczu. Ale / tors jego jak kandelabr błyszczy dalej, / w którym wzrok jego, tylko zatrzymany, // trwa i lśni [...]. nie wybuchałby od razu / jak gwiazda: bowiem każde miejsce tego głazu / widzi cię"]

[Wykreślone w maszynopisie „końcowym", figuruje w spisie „incipitów"; dot. *DELFY:*]

Siedzę w małym kafejonie nad coca-colą i myślę, że nie ogarnę Delf. Teraz obraz gór i ruin zapisał się wyraźnie w mojej wizualnej pamięci. Ale za miesiąc, za rok... Chciałbym żyć z zamkniętymi oczami i żeby nie stracić niczego.
I wtedy słyszę krzyk osła.

Objaśnienia:
„If you have un peu de l'argent, nous pouvons eine café zusammen trinken" — Jeśli ma pan trochę pieniędzy, możemy wypić razem kawę (ang.-fr.-niem.).
Nom de guerre — quoi? — Pseudonim (dosłownie: imię bojowe) — czy co? (fr.).
Między dwoma labrysami — „Cóż oznaczał ów osobliwy topór? [...] od jego nazwy — niegreckiej zresztą — «labrys», pochodzi nazwa pałacu Minosa. «Labirynt» zatem znaczyłby «pałac toporów o podwójnym ostrzu»". Zbigniew Herbert, *Labirynt nad morzem*, „Twórczość", dz. cyt., s. 33.
Odczytała i przygotowała do druku na podstawie rękopisów i maszynopisów Barbara Toruńczyk.

Mykeny. Pierwodruk „ZL" 1999 nr 4 / 68, s. 58.
Wiersz *Mykeny* zaczerpnęliśmy z maszynopisu złożonego do książki *„Kochane Zwierzątka". Listy Zbigniewa Herberta do przyjaciół — Magdaleny i Zbigniewa Czajkowskich*, Warszawa, PIW, 2000, s. 69–70.

Herbert przysłał go przyjaciołom w liście z Wiednia 25 III 1966, opatrując mianem „ostatni". Inna wersja wiersza (na podstawie rękopisu) — patrz *Dotknąć rzeczywistości*, s. 158. Odnalazła i przygotowała do druku w tej postaci Barbara Toruńczyk.

MALI MISTRZOWIE
Pierwodruk „ZL" 1999 nr 4 / 68, s. 11–22. Według jednego z projektów przechowanych w archiwum tom szkiców *Martwa natura z wędzidłem* zawierać miał część *Mali mistrzowie*. Taki wniosek nasuwa teka zatytułowana przez Herberta: *Martwa natura*. *Mali mistrzowie*, gdzie znaleźliśmy spis planowanych szkiców: „1. Głuchy Kampen, 2. Bardzo dokładny pan Saenredam, 3. Mroczny Seghers, 4. Konkurent Vermeera (P. Hooch), 5. Wielki Goyen, 6. Dyskretny czar mieszczaństwa, czyli Duyster, 7. Ruisdael albo przyroda pełna duchów, 8. Wytworny pan Terborch, 9. Heroiczny Fabritius, 10. Morze". Inny spis z tej teki zatytułowany *Mali mistrzowie* zawiera tylko nazwiska malarzy: „Avercamp, Saenredam, Duyster, Brouwer, Terborch, Fabritius, Hooch, Seghers".

De stomme van Kampen (1585–1634). Z teki *Martwa natura. Mali mistrzowie*. Przytaczamy z pięciostronicowej kopii maszynopisu z nielicznymi odręcznymi poprawkami Herberta. Na innej kopii tego samego maszynopisu widnieją liczne odręczne poprawki Herberta, skreślenia oraz obszerne dopisane fragmenty, świadczące o zamiarze przeredagowania tekstu. Rękopis szkicu przechowany w tej samej tece nosił tytuł: *Malarz czwartej pory roku. Hendrich Averkamp (1585–1634)*. Z dat widniejących na drukach, na których odwrocie Herbert spisał niniejszy szkic, wnosimy, że powstał on w latach 80. Opracowała Barbara Toruńczyk.

Pieter Saenredam (1597–1665). Portret architektury. Opracowano na podstawie nieukończonego rękopisu, ukrytego w tece *Saenredam*. Dwustronicowy rękopis, sporządzony mikroskopijnym, lecz wyraźnym pismem, z nalepionymi trzema paskami papieru z ponownie przepisanymi fragmentami, w druku zajął stron pięć. Zob. faksymile pisma Herberta wielkości naturalnej („ZL" 1999 nr 4 / 68, s. 27). Materiały dotyczące malarza i własne zapiski (ok. 160 stron) oraz brudnopis z wcześniejszą wersją tekstu przechowywał Herbert w tej samej tece osobno; na odwrocie brudnopisu widnieje data „28 V 1986, Paryż"; z innych zachowanych dat wynika, że Herbert powracał do tej pracy po 18 III 1989. Z brudnopisu przytaczamy dwa fragmenty:

Saenredam znał do głębi zasadę perspektywy. Obierał przyziemny punkt obserwacji. Do wnętrza jego kościołów wchodzimy z ufnością, ich ogrom nie przeraża nas, ale krzepi. Kocha linię prostą kolumn, mocno profilowane sklepienie, które zamyka naturalnie kompozycję jak złożone skrzydła.

Saenredam był garbusem. To kalectwo ogranicza widzenie świata, narzuca przyziemny horyzont. Nie trzeba sięgać do psychoanalizy, aby zrozumieć jego zamiłowanie do smukłych linii wertykalnych. Mogę sobie wyobrazić tego drobnego garbuska, jak wychodzi z domu i udaje się do kościoła objuczony szkicownikami i całym przenośnym kramem rysownika. Potem we wnętrzu świątyni starannie wybiera miejsce, które od lat będzie jego stałym punktem obserwacji. Któryś z jego przyjaciół albo on sam (wynalazczość Holendrów była nieprześcigniona zarówno w dziedzinie aparatów naukowych, jak przedmiotów ułatwiających życie) skonstruował mu zapewne krzesełko z ruchomym siedzeniem, tak aby malarz mógł zobaczyć świat z pozycji człowieka wyprostowanego, człowieka patrzącego w gwiazdy.

Odnalazła, odczytała z rękopisu i opracowała do druku Barbara Toruńczyk.

Willem Duyster (1599–1635) albo Dyskretny urok soldateski. Opracowała Barbara Toruńczyk na podstawie kopii maszynopisu z odręcznymi poprawkami odnalezionej w tece *Delta* z materiałami warsztatowymi z lat 1978–82.

Objaśnienia:

„*He was never put to the test*" — Nigdy nie został poddany sprawdzianom (ang.).

far niente — nic nie robić; leniuchowanie (wł.).

Mistrz z Delft. Pierwodruk „ZL" 2000 nr 1 / 69, s. 85–95.

Z teki zatytułowanej przez Herberta *Vermeer*, zawierającej różnojęzyczne materiały warsztatowe do eseju, notatki, własnoręczne rysunki postaci z obrazów Vermeera z odnotowaną paletą ich barw, pocztówki z reprodukcjami obrazów Vermeera oraz kopię maszynopisu z tekstem nieukończonego szkicu. Zachowane daty wskazują, że Herbert prowadził studia nad Vermeerem w latach 1976–86. W Bibliotece Beinecke, Yale University, USA, Herbert złożył swoje listy do Katarzyny Herbertowej w Paryżu, w których opisał przebieg i wrażenia z wyprawy do obrazów Vermeera w Holandii i Berlinie przedsięwziętej na przełomie grudnia 1986 i stycznia 1987.

Objaśnienia:
passe-temps — zajęcie (dla zabicia czasu) (fr.).
„*Il a des côtés d'observateur assez étrange*" — Wydaje się dość dziwnym obserwatorem (fr.).
„*die überschatzen Einzelnfiguren des Delftschen Meer: Briefleserin, Briefschreiberin und ähnliches*" — Przecenione poszczególne postacie Vermeera: kobieta czytająca list, kobieta pisząca list i tym podobne (niem.).
„*Otez-moi ces magots de là!*" — Zabierzcie stąd te knoty! (fr.).
Opracowała do druku Barbara Toruńczyk, odnalazł Piotr Kłoczowski.

II. Wiersze, proza poetycka

Sen Pana Cogito. Pierwodruk „ZL" 1999 nr 4 / 68, s. 5–6.
Pan Cogito sen-przebudzenie. Pierwodruk „ZL" 1999 nr 4 / 68, s. 6.
Z erotyków Pana Cogito. Pierwodruk „ZL" 1999 nr 4 / 68, s. 6–7.
Czapka Monomacha. Pierwodruk „ZL" 1999 nr 4 / 68, s. 7.
Przedstawiamy utwory poetyckie, które w latach 70. Herbert zebrał w maszynopisie zatytułowanym *Pan Cogito*. Jak sądzimy, przynajmniej drugi i trzeci z tych wierszy zamierzał opublikować w prasie lub do druku skierował; znalazły się też one, wraz z *Czapką Monomacha*, w niemieckojęzycznej edycji tomu (Zbigniew Herbert, *Herr Cogito. Gedichte*. Tłum., red., posłowie: Karl Dedecius. Suhrkamp Verlag, Frankfurt am Main, 1974). Wykonywane przez Herberta spisy tytułów wierszy przeznaczonych do polskiego wydania tomu *Pan Cogito*, Warszawa, Czytelnik, 1974 (zawierającego ostatecznie 40 utworów), zmieniały się, obejmując 34–40–44 pozycji; na jednym z nich wśród 34 wierszy figuruje również *Sen Pana Cogito*. W obecnej edycji, w wierszu *Czapka Monomacha*, na podstawie odnalezionej kopii maszynopisu z odręcznymi poprawkami Autora, uwzględniono zmianę szyku wyrazów w zwrocie: „[...] którzy do niej uśmiechają się we śnie [...]". Teksty odczytała i przygotowała do druku Barbara Toruńczyk.

Contra Augustinum... Pierwodruk „ZL" 1999 nr 4 / 68, s. 10.
Wiersz powstał w październiku 1990 podczas podróży Herberta do Włoch. Przeznaczony jako tytułowy do tomu, który ostatecznie ukazał się pt. *Rovigo* (Wrocław, Wydawnictwo Dolnośląskie, 1992), wiersz planowany był także do tomu *Epilog burzy*. Zachowało się kilka wersji rękopisu oraz kopie maszynopisu z odręcznymi poprawkami Autora.

191

Objaśnienia:
Contra Augustinum... — Przeciwko Augustynowi, kapłanowi w Ziemi Nubijskiej, grzesznikowi w Czyśćcu (łac.).
Ama et fac quod vis — kochaj i czyń, co chcesz (łac.) — to spopularyzowana wersja sformułowania *„dilige et quod vis fac"* pochodzącego z traktatu św. Augustyna *In Joannis Evangeliam Tractatus* (VII, 8). Tekst odczytała i przygotowała do druku Barbara Toruńczyk, ustalił okoliczności i datę jego powstania Henryk Citko.

Bez tytułu. Pierwodruk „ZL" 1999 nr 4 / 68, s. 181–184. Przedruk w tomie Zbigniew Herbert, Stanisław Barańczak, *Korespondencja (1972–1996)*. Oprac. i redakcja Barbara Toruńczyk; przypisy i kwerenda archiwalna Henryk Citko. Warszawa, Zeszyty Literackie, 2005, s. 77–82. Tytuł pierwszej krótszej wersji: *Anioł stróż*. Za podstawę edycji służył rękopis na trzech stronach bloku listowego formatu A4, odręcznie numerowanych. Kolumna wiersza umieszczona centralnie, po prawej dopisane inne wersje strof, linii, słów, najwięcej na s. 3 zaczynającej się od słów „jak / pobielone groby / jak ciała pod betonem". Także dopiski po lewej stronie kolumny wiersza. Przytaczamy wszystkie, odwzorowując w druku układ rękopisu. Opracowała Barbara Toruńczyk, odnalazł Piotr Kłoczowski.

Narcyz. Pierwodruk „ZL" 1999 nr 4 / 68, s. 8–9. Przedruk w tomie szkiców *Król mrówek. Prywatna mitologia*. Zrekonstruować próbował, przypisami i posłowiem opatrzył Ryszard Krynicki. Kraków, Wydawnictwo a5, 2001, s. 63–65. Inny, krótszy wariant tego szkicu odnalazł Ryszard Krynicki (tamże, s. 119). Przygotowała do druku na podstawie maszynopisu Barbara Toruńczyk.

WIERSZE Z TEKI „EPILOG BURZY"
W tece zatytułowanej przez Herberta *Rękopisy. Epilog burzy* odnaleźliśmy spięte, przepisane na komputerze, przejrzane i poprawione ręką Autora wiersze, które weszły do tomu *Epilog burzy* (Wrocław, Wydawnictwo Dolnośląskie, 1998; Herbert zmarł dwa miesiące po ukazaniu się tego tomu). Jest ich 29. Znalazły się one na stronach 5–56 książki. Naszym zdaniem wiersze te można uznać za opracowane do końca przez Autora. Również ich układ w druku nie różni się od układu w tece, gdyż jest to widomie układ alfabetyczny, wg pierwszej litery tytułu (spis zawartości *Diariusza greckiego*, którego Herbert także nie doprowadził do końca, jest skonstruowany z incipitów poszczególnych zapisków).
Wiersze, które w tomie Wydawnictwa Dolnośląskiego zamieszczono na stronach 57–76, opracowywane były zapewne osobno. Ich rękopisy

Komentarze i objaśnienia

złożono w archiwum w odrębnej tece. Jest ich 14, odnosi się wrażenie, że zostały wydzielone i ułożone w zakłóconej kolejności alfabetycznej.

Przypuszczenie to znajduje potwierdzenie w innych papierach Herberta: w tece *Kawałki przepisane. Kopie „Epilogu burzy"* znaleźliśmy dwustronicowy spis z nagłówkiem *Wiersze* i adnotację: „31 wierszy, wysłane luty 1998 — Carpenterowie; — H. Bereska". (Chodzi o tłumaczy Herberta w USA i w Niemczech; Herbert zwykł odnotowywać wiersze wysłane do przekładu lub do druku). Na spisie w kolejności alfabetycznej wymienione są tytuły wierszy, które uznaliśmy za „opracowane do końca przez Autora", a które w tomie Wydawnictwa Dolnośląskiego ogłoszone są na stronach 5–56. (Wierszy jest w istocie 29, ponieważ dwa tytuły zostały pomyłkowo powtórzone).

Spośród utworów pomieszczonych w tomie po s. 56, za przejrzany przez Autora i opracowany do druku należy uznać także wiersz *Artur* — Herbert ogłosił go w „Tygodniku Powszechnym".

Redakcja niektórych wierszy ogłoszonych w tomie Wydawnictwa Dolnośląskiego na stronach 56–76 wzbudziła nasze wątpliwości: wiersze *Ala ma kota. W obronie analfabetyzmu* i *Co mogę jeszcze zrobić dla Pana* zostały naszym zdaniem wadliwie odczytane, na co pierwszy zwrócił nam uwagę Wojciech Karpiński. Właściwy układ ich strof oraz inne możliwe błędy przytoczyliśmy przy okazji pierwodruku *Wierszy z teki „Epilog burzy"* („ZL" 2000 nr 2 / 70, s. 94–95). Tutaj przytaczamy tylko niektóre z wysuniętych wątpliwości; znaleźliśmy bowiem ich rozstrzygnięcie w archiwum Herberta:

Tkanina. Pierwodruk w tej postaci „ZL" 2000 nr 2 / 70, s. 91. Wiersz ukazał się w tomie *Epilog burzy* (dz. cyt., s. 76), naszym zdaniem w błędnym opracowaniu, toteż przywracamy tutaj ostatni wers z drugiej wersji rękopisu, niewłaściwie przepisany na komputerze i tak podany do druku w tomie *Epilog burzy.*

Epilog burzy. Pierwodruk „ZL" 2000 nr 2 / 70, s. 92–93. W opublikowanym tomie (dz. cyt.) zwraca uwagę brak wiersza tytułowego. Autor nad nim pracował. Przytaczamy fragment jednego z wariantów.

Koniec. Pierwodruk „ZL" 1999 nr 4 / 68, s. 23.

Wiosna. Pierwodruk „ZL" 1999 nr 4 /68, s. 23.

Oba wiersze — *Koniec, Wiosna* — przechowywano razem w osobnej tece. *Wiosna* nawiązuje do wiersza *XIV* z tomu *Lato 1932* Jarosława Iwaszkiewicza, por. zwłaszcza słowa: „Narzuca się na wióry zimy / Zielona kaszka — drobny liść. / Tak się kochanie, rozchodzimy: / Ty musisz iść — ja muszę iść...". Jarosław Iwaszkiewicz zmarł 2 III 1980.

Zima. Pierwodruk „ZL" 1999 nr 4 / 68, s. 96–97 pt. *Zima (z cyklu „Trzy erotyki").*

193

Spóźniony erotyk. Pierwodruk „ZL" 2000 nr 2 / 70, s. 96–97. Odnaleziony w tece *Rękopisy Epilog burzy*. Przepisany na komputerze, z odręcznymi poprawkami ołówkiem i przekreśloną datą „3 V", należał do wcześniej powstałego zbioru wierszy, którego 23-stronicowy maszynopis został włączony do teki *Epilog burzy*. Prezentujemy równolegle, dla zobrazowania metody twórczej Herberta, dwie wersje tego samego wiersza: początkową pt. *Zima (z cyklu „Trzy erotyki")* i przetworzoną pt. *Spóźniony erotyk*. Na podstawie rękopisów, maszynopisów i wydruków komputerowych opracowała Barbara Toruńczyk.

Ostatnie słowa. Pierwodruk „ZL" 2000 nr 4 / 72, s. 5–6.

Brewiarz. Drobiazgi. Pierwodruk „ZL" 2000 nr 4 / 72, s. 6–7. Oba wiersze *Ostatnie słowa* i *Brewiarz. Drobiazgi* opracowała do druku Barbara Toruńczyk, która odnalazła je w rękopisie wraz z innym nieprzytoczonym tu pożegnalnym wierszem w osobnej tece, pośród notatek z podróży po Grecji, w *dossier* zatytułowanym ręką Herberta *Labirynt nad morzem*. Wszystkie trzy pochodzą naszym zdaniem z ostatniego okresu życia Herberta; *Brewiarz...* jest datowany „10 VI 1997".

Objaśnienia:

Miroslav Holub (1923–1998) — czeski poeta i eseista, biolog immunolog, tłumacz poezji Herberta, znawca literatury anglo-amerykańskiej, po interwencji wojsk Układu Warszawskiego w Czechosłowacji, 1968, pozbawiony pracy w Instytucie Mikrobiologii, 1970–95, i prawa druku, 1971–82. Jako poeta zdobył sławę dzięki tłumaczeniom anglo-amerykańskim. Herbert poświęcił mu szkic *Sprawa Samos* („Odra" 1972 nr 3), ale dedykacja dla Holuba została usunięta w druku przez cenzurę (usunięto także fragment o cenzurze w Grecji Peryklesa). Szkic opisujący zgniecenie małej republiki greckiej przez koalicję republik zaprzyjaźnionych czytany był w tych latach jako aluzja do losu Czechosłowacji, 1968. Dedykację „*Dla Mirosława Holuba*" przywrócono dopiero w pierwodruku książkowego wydania szkicu, w roku 2000, czyli już po śmierci Herberta (*Labirynt nad morzem*, dz. cyt., s. 133).

„*budzi podziw / poeta Miroslav Holub / który karmiąc gołębie / z okna VI piętra runął w dół*" — Bohumil Hrabal, pisarz czeski, zmarł w Pradze 3 II 1997 roku; opowiadano, że wypadł z okna szpitala, karmiąc gołębie.

III. Prywatna historia świata

Czas przeszły teraźniejszy. Pierwodruk „ZL" 2004 nr 2 / 86, s. 7–11. Tekst odczytu wygłoszonego przez Herberta (w przekładzie Klausa Staemmlera) 20 IX 1975 w Akademie der Künste w Berlinie. Opracowano na podstawie rękopisu noszącego tytuł w jęz. niemieckim: *Die Gegenwart der Geschichte* (dosłownie: Teraźniejszość historii); tytuł niniejszej publikacji pochodzi od wydawcy. Interpunkcja i pisownia nazw własnych uwspółcześnione.

Objaśnienia:

ist eine Strasse, die der Teufel pflastert mit zerstörten Werten — To ulica, którą diabeł brukuje zniszczonymi wartościami (niem.).

horribile dictu — strach powiedzieć; o zgrozo! (łac.).

Opracowali Barbara Toruńczyk i Henryk Citko.

MAŁE SZKICE

Prezentowane teksty to „małe szkice" (jak je określał sam Herbert), które miały wejść do przygotowywanego od końca lat 70. nieukończonego tomu pt. *Narzeczona Attyli* lub do innego zamierzonego tomu pt. *Porządek świata* (inne „małe szkice" to m.in. publikowane za życia Autora *Passo Romano* i *Pakt*).

Pomnik. Pierwodruk „ZL" 2007 nr 2 / 98, s. 39–41.

Autor przeznaczył szkic do krakowskiego miesięcznika „Pismo" (które w 1981 nr 7 zamieściło *Pakt*), jednak wprowadzenie stanu wojennego i zawieszenie czasopisma udaremniło ten projekt.

Zdobycie Bastylii. Pierwodruk „ZL" 2007 nr 3 / 99, s. 155–157.

Leniwy język. Pierwodruk „ZL" 2007 nr 4 / 100, s. 10–11.

Porządek świata. Pierwodruk „ZL" 2008 nr 1 / 101, s. 39–41.

Tytułowy szkic ze zbioru *Porządek świata* odnajdujemy także wśród pozycji planowanych do obszernego tomu esejów historycznych pt. *Prywatna historia świata*. Powstał on w Berlinie w roku 1979 (równocześnie Herbert pisał *Passo Romano*). W maszynopisie widnieje odręczna notatka Herberta: „Mówią wieki", co może świadczyć, że Autor planował opublikować szkic w tym miesięczniku lub, co bardziej prawdopodobne, chciał zamieścić go w rubryce „Mówią wieki" bezdebitowego pisma „Krytyka", w którym w roku 1985 ogłosił szkic *Securitas* (przedruk w tomie *Król mrówek*, dz. cyt.).

Objaśnienia:

W mądrej książce Joachima Illiesa — Zapewne chodzi o książkę Joachima Illiesa (1925–1982), *Biologie und Menschenbild*, Freiburg, Herder Verlag, 1977.

Thomas Carlyle (1795–1881) — szkocki historyk i eseista, propagator heroicznego pojmowania dziejów; w 1837 w Londynie ogłosił trzytomową rozprawę *The French Revolution*.

nieustraszeni *„bras nus"* — plebejusze (fr.).

Mitrydates Eupator, król Pontu — Mitrydates VI Eupator, ok. 132–63 p.n.e., syn króla Pontu Mitrydata V. Walczył z Rzymem w trzech wojnach „mitrydackich". Pokonany przez Pompejusza w 66. W 63 próbował samobójstwa, przyjął truciznę, która nie zadziałała. Był pod osłoną uniwersalnej odtrutki zwanej mitrydatem. Kazał się więc niewolnikowi przebić micczem. *ricn — niu* (fr.).

Jest ich siedmiu — Opisanymi w szkicu *Porządek świata* siedmioma paladynami są wysocy rangą urzędnicy hitlerowskich Niemiec skazani w procesie norymberskim i uwięzieni w Spandau w Berlinie; nadano im numery: 1. Baldur von Schirach, 2. Karl Dönitz, 3. Konstantin von Neurath, 4. Erich Raeder, 5. Albert Speer, 6. Walter Funk, 7. Rudolf Hess. Wotan, Wodan — w mitologii germańskiej bóg wojny, zwycięstwa i śmierci; Rudolf Hess do chwili aresztowania w 1941 był prawą ręką Adolfa Hitlera.

I trudno mu było naprawdę wytłumaczyć swym zachodnim kolegom, że pisząc o najeździe Ateńczyków na bratnią wyspę Samos, o procesach templariuszy czy albigensach, miał na myśli wydarzenia współczesne — oczywiste nawiązanie do własnych utworów. Zob. odpowiednio: *Sprawa Samos* z tomu *Labirynt nad morzem*, dz. cyt., oraz *O albigensach, inkwizytorach i trubadurach* i *Obrona templariuszy* z tomu *Barbarzyńca w ogrodzie*, Warszawa, Czytelnik, 1962.

Odnalazł, opracował i podał do druku na podstawie maszynopisów i rękopisów Henryk Citko; komentarz: Henryk Citko i Barbara Toruńczyk.

Wizja Europy. Pierwodruk „ZL" 2008 nr 3 / 103, s. 5–7.

Wypowiedź Herberta dla Hessischer Rundfunk we Frankfurcie nad Menem opracowana ok. 1973 roku.

Odnalazł, z rękopisu przepisał i podał do druku Henryk Citko i Barbara Toruńczyk.

Fragment listu do N. N. — przyjaciela. Pierwodruk „ZL" 2002 nr 2 / 78, s. 77–78.

Przytaczamy wersję skróconą o akapit wstępny pierwodruku. Jak wynika z treści, list pisany po pobycie w Spoleto i „nad Pacyfikiem". Herbert był w Spoleto dwukrotnie: latem 1959, a następnie na początku lipca 1969 jako gość Festival dei Due Mondi. Nad Pacyfikiem był w roku 1968 i 1970 / 71 (Los Angeles). Pod koniec roku 1966 Herbert wspominał w liście do Czajkowskich: „...chciałbym zarobić na dom w jakimś słonecznym i niesocjalistycznym kraju, żebyśmy mogli dożyć spokojnie starości" (*Herbert i „Kochane Zwierzątka"*. Listy zebrała i komentarzem opatrzyła Magdalena Czajkowska. Warszawa, Rosner & Wspólnicy, 2006, s. 111). W roku 1968 po interwencji na Czechosłowację myśl o rezygnacji z pisania pojawia się w listach Herberta do Miłosza: „Co robić? Czy warto grać swoje zagłuszane solo na pile?" (Zbigniew Herbert, Czesław Miłosz, *Korespondencja*. Redakcja Barbara Toruńczyk, przypisy Maciej Tabor i Barbara Toruńczyk. Warszawa, Zeszyty Literackie, 2006, s. 98). Ze Spoleto 22 VII 1969 pisał do Miłosza: „Chciałbym tutaj zdechnąć. Ale to trudne" (tamże, s. 114).

Objaśnienia:

„Daher ist Dichtung (poiesis) etwas Philosophischeres und Ernsthafteres als Geschichtsschreibung; denn die Dichtung teilt mehr das Allgemeine (ta kathólu), die Geschichtsschreibung hingegen das Besondere (ta kath hekaston) mit" — Dlatego też poezja jest bardziej filozoficzna i poważna niż historia; poezja wyraża przecież to, co ogólne, historia natomiast to, co jednostkowe. Tłum. Henryk Podbielski.

„sub nocte, per umbras" — w omgleniu nocnych ciemności. *Eneida* VI, 268. Tłum. I. Wieniewski.

Na podstawie kopii maszynopisu z odręcznymi poprawkami Autora opracowała Barbara Toruńczyk. Odnalazł i podał do druku Piotr Kłoczowski.

Obecny, niewidzialny. Podziękowanie za Nagrodę Eliota. Pierwodruk pt. *Podziękowanie [za The T. S. Eliot Award for Creative Writing]*: „ZL" 2001 nr 2 / 74, s. 185–187. Tekst podziękowania za The T. S. Eliot Award for Creative Writing ufundowaną przez The Ingersoll Foundation przy The Rockford Institute odczytany (w przekładzie na jęz. angielski Ewy Thompson, która rekomendowała Herberta do nagrody) 5 XI 1995 podczas uroczystości przyznania nagrody. Angielski przekład pt. *Invisible but Present* ukazał się w miesięczniku „Chronicles" September 1996, s. 12–13.

Objaśnienia:

„Time present and time past..." Eliota — Herbert cytuje początek *Kwartetu I, Burnt Norton*, który w tłum. K. Boczkowskiego, PIW, 1988, brzmi: „Czas przeszły i obecny czas, / Oba obecne są chyba w przyszłości, / A przyszłość jest zawarta w czasie przeszłym".

Opracowała na podstawie maszynopisu Barbara Toruńczyk.

Miastu Münster. Podziękowanie za Europejską Nagrodę Poetycką. Pierwodruk pt. *Podziękowanie [za Preis der Stadt Münster für Europäische Poesie 1997]*: „ZL" 2002 nr 3 / 79, s. 127–128. Tekst podziękowania za Preis der Stadt Münster für Europäische Poesie 1997 przyznaną Herbertowi i Klausowi Staemmlerowi za tom *Rovigo* wydany w przekładzie na język niemiecki, 1995. W czasie uroczystości wręczenia nagród podczas Tygodnia Poezji Europejskiej w Münster 27 IV 1997 tekst odczytał po niemiecku poeta Jürgen Becker. W obecnej edycji wykorzystano odnaleziony maszynopis podziękowania różniący się nieznacznie od rękopisu będącego podstawą publikacji w „ZL" 2002 nr 3 / 79.

Objaśnienia:
Ersatz — namiastka (niem.).
Na podstawie rękopisu opracowała Barbara Toruńczyk; maszynopis opracował Henryk Citko.

IV. Herbert o swoich wierszach

Dlaczego klasycy? Pierwodruk „ZL" 2004 nr 3 / 87, s. 5–7.
Dotknąć rzeczywistości. Pierwodruk „ZL" 2004 nr 3 / 87, s. 7–31.
Przytaczamy dwa autokomentarze Herberta do własnej twórczości poetyckiej. Pierwszy z nich, *Dlaczego klasycy?*, to komentarz z roku 1966 na kanwie powstałego ówcześnie wiersza o tym samym tytule, zredagowany z myślą o wystąpieniu na kolokwium literackim Waltera Höllerera w Berlinie w grudniu 1966. Drugi to słuchowisko radiowe. Powstało w roku 1966 na zamówienie Karla Dedeciusa dla niemieckiej stacji Westdeutscher Rundfunk w Kolonii. Do wykonania słuchowiska nie doszło. Herbert, pisząc je, przebywał we Francji, w Antony, o czym wiemy m.in. z jego korespondencji z umierającym wówczas Henrykiem Elzenbergiem. Tekst audycji zachował się w papierach Karla Dedeciusa; jego wcześniejsza wersja spoczywa także w archiwum Poety. Więcej o zawiłych wydawniczych losach tej podwójnej publikacji zob. *Nota wydawcy*, „ZL" 2004 nr 3 / 87, s. 29–31. Tu ograniczamy się do uwag redakcyjnych uzasadniających naszą próbę „rekonstrukcji" obu tekstów:
W wystąpieniu *Dlaczego klasycy?* komentarz Herberta miał zostać poprzedzony wierszem tytułowym. (Por. życzenie zamawiającego tekst Karla Dedeciusa: „Prof. Höllerer przygotowuje dla każdego poety [...] osobny prospekt: 1 wiersz (którym zaczniesz swój «występ») i 2–3 strony (maszynopisu): poetologiczne uwagi (osobiste *credo* albo teoretyczne rozważania na temat wiersza [...]"). Wiersz przytaczamy wg wersji maszynopisowej przesłanej Dedeciusowi do przekładu. Różni się ona od wersji znanej z druku. We wszystkich znanych nam publikacjach w druku figuruje zwrot „nieudanej [wyprawy]", podczas gdy w rękopisie Herberta jest: „nieudałej [wyprawy]" i pojawia się on w kopiach wiersza sporządzonych osobiście przez Herberta (również w przesłanej Miłoszowi w liście z 4 III 1966. Zob. Zbigniew Herbert, Czesław Miłosz, *Korespondencja*, dz. cyt., s. 62). Wypowiedź Autora na temat tego wiersza zachowała się w archiwum zarówno Dedeciusa, jak i Herberta w postaci identycznego maszynopisu. Aby dokonać możliwie najwierniejszej „rekonstrukcji" audycji radiowej, postąpiliśmy zgodnie ze wskazaniami redakcyjnymi zawartymi w jej scenariuszu, jakim jest tekst Herberta. Jest to pięciostronicowy rękopis z nadpisanym ręką Herberta nazwiskiem autora oraz tytułem w języku niemieckim: „DIE WIRKLICH-

KEIT ZU BERÜHRUNG". Oddajemy go po polsku tytułem *DOTKNĄĆ RZECZYWISTOŚCI*, w ślad za zwrotem użytym przez Autora. Stanowi on swoiste zapożyczenie z estetyki profesora Elzenberga (występuje także w dzienniku Henryka Elzenberga, *Kłopot z istnieniem*. *Aforyzmy w porządku czasu*, Kraków, Znak, 1963, gdzie odnoszące się do twórczości najwyżej przez Mistrza Herberta cenionej, pojęcie to jest pisane rozstrzelonym drukiem). Dzięki temu słuchowisku otrzymujemy wstęp do pracowni poety. Herbert chce podzielić się z nami swoimi utworami, a zarazem komentuje je. Komentarz i wiersze oświetlają się wzajemnie. Pisząc słuchowisko *Dotknąć rzeczywistości*, Herbert był już autorem czterech audycji radiowych. Nazywał je „utworami na głosy". Powstawały głównie dla radia, były wykonywane także w teatrze. W jednej z nich, szeroko znanej pt. *Rekonstrukcja poety*, użył podobnego chwytu, wkładając swoje wiersze w usta narratora. Herbert był w roku 1966 autorem trzech tomów poezji. Ostatni z nich, *Studium przedmiotu*, ukazał się w roku 1961. W słuchowisku *Dotknąć rzeczywistości* z tych trzech ogłoszonych już tomów Herbert przywołuje, na 28 utworów wypełniających audycję, zaledwie cztery wiersze. Dwadzieścia jeden wierszy pojawiających się w słuchowisku ukaże się w tomie *Napis*, zawierającym łącznie 40 utworów, dopiero za trzy lata, w roku 1969. Można więc uznać, że Herbert sporządził tę audycję, żeby zebrać, usłyszeć i podzielić się ze słuchaczem swoim najnowszym, jeszcze wówczas nieznanym cyklem utworów. Była to ponad połowa przyszłego tomu. W słuchowisku *Dotknąć rzeczywistości* pojawiają się trzy nieznane za życia Herberta wiersze. Są to: *Nauka*, *Mykeny*, *Wielka księżniczka*. Pojawiają się także wiersze, które w tym czasie znajdują się na biurku Czesława Miłosza w Stanach Zjednoczonych. Są to: *Postój*, *Longobardowie*, *Przesłuchanie anioła*, *Sprawozdanie z raju*, *Dlaczego klasycy*, *Opis króla*. Weszły one do tomu poezji Zbigniewa Herberta *Selected Poems*, który ukazał się w roku 1968 w tłumaczeniu Czesława Miłosza i P. Dale Scotta (ponad 10 tys. egz. nakładu). Tom ten rozsławił Herberta. W „Zeszytach Literackich" zrekonstruowaliśmy to słuchowisko, trzymając się ściśle wskazówek Herberta i realizując jego zamiar. Wiersze są przywoływane ze źródeł wskazanych przez poetę i w ówczesnej ich postaci, która w pewnych fragmentach z czasem została przez autora zmieniona. Oba teksty ukazały się w języku niemieckim w tłumaczeniu Karla Dedeciusa w książce *Ein Gedicht und sein Autor. Lyrik und Essay. Herausgegeben und mit Einleitungen versehen von Walter Höllerer*. Literarisches Colloquium, Berlin 1967 oraz w Amsterdamie w czasopiśmie „Raster" 1998 nr 82, s. 80–84, w tłumaczeniu Jacqa Vogelaara. 28 X 2004 na falach Programu 2 Polskiego Radia, o godzinie 22.15 odbyło się prawykonanie słuchowiska w reżyserii Małgorzaty Dziewulskiej, z udziałem Adama Ferencego i in. Jak się dowiadujemy, 25 V 1965 Herbert nagrał 13 spośród tych wierszy w Polskim Radiu.

Objaśnienia:
eine edle Einfalt und eine stille Grösse — szlachetna prostota i spokojna wielkość (niem.). Johann Joachim Winckelmann, *Myśli o naśladowaniu greckich dzieł malarstwa i rzeźby*, 1755.
αταραζια (gr.) — ataraksja; u stoików: spokój ducha, obojętność, niepoddawanie się namiętnościom.
Opracowała do druku na podstawie rękopisów, maszynopisów i publikacji ze spuścizny Herberta oraz kopii materiałów z Archiwum Karla Dedeciusa (Biblioteka Uniwersytetu Europejskiego Viadrina, Frankfurt n. O. / Collegium Polonicum, Słubice) oraz notą opatrzyła Barbara Toruńczyk. Inaczej opracowane i odczytane te same teksty zob.: Zbigniew Herbert, *Wiersze wybrane*. Wybór i oprac. R. Krynicki. Kraków, Wyd. a5, 2004, s. 391–395.

V. Charaktery

O moim przyjacielu [Jerzym Ficowskim]. Pierwodruk „ZL" 2001 nr 4 / 76, s. 64–65. Tekst jest przedmową do angielskiego wydania wierszy Jerzego Ficowskiego, *A Reading of Ashes. Poems*, Londyn, The Menard Press, 1981.
Jerzy Ficowski (1924–2006), poeta, eseista, znawca twórczości Schulza, autor m.in. *Cyganie w Polsce. Dzieje i obyczaje*, członek KSS KOR.
Na podstawie kopii maszynopisu opracowała Barbara Toruńczyk.

Pierwsze spotkanie [Siegfried Unseld 1924–2002]. Pierwodruk „ZL" 2003 nr 1 /81, s. 116–118. Tekst napisany w 1983 roku do księgi jubileuszowej dla Siegfrieda Unselda (28 IX 1924–26 X 2002), niemieckiego wydawcy Herberta (Suhrkamp Verlag), na jego 60. urodziny. Ukazał się w przekładzie na jęz. niemiecki w: *Der Verleger und seine Autoren — Siegfried Unseld zum sechzigsten Geburtstag*, Frankfurt am Main, Suhrkamp Verlag, 1984.
Na podstawie kopii maszynopisu opracowała Barbara Toruńczyk.

[Ormiańska babcia]. Pierwodruk „ZL" 2006 nr 2 / 94, s. 114–116. Tekst bez tytułu z notatnika Herberta z roku 1991. Zbigniew Herbert wspominał babcię Bałabanową, matkę ojca również w rozmowie z ks. Januszem Pasierbem — zob. „Zeszyty Literackie" 2002 nr 4 / 80, przedruk: *Herbert nieznany. Rozmowy*. Zebrał i opracował do druku Henryk Citko. Warszawa, Zeszyty Literackie, 2008.
Objaśnienia:
Kurzwaren — artykuły pasmanteryjne (niem.).
Odnalazł, opracował z rękopisu i podał do druku Maciej Tabor.

Komentarze i objaśnienia

François Bondy. Pierwodruk „ZL" 2008 nr 2 / 102, s. 129–130. Tekst napisany w październiku 1984 do księgi jubileuszowej dla François Bondy'ego na jego 70. urodziny; ukazał się w przekładzie Friederike Fahr w: *Wer Europa sagt... Essays und Ehrungen von und für François Bondy.* München, Carl Hanser Verlag, 1995, s. 161–163.

Objaśnienia:
François Bondy (1915–2003) był redaktorem paryskiego pisma Kongresu Wolności Kultury „Preuves", gdzie drukował Gombrowicza, Miłosza, Jeleńskiego; w Niemczech ogłosił książki Gombrowicza.

„Skandal" dotyczący Kongresu Wolności Kultury wybuchł w roku 1967, kiedy okazało się, że ta międzynarodowa organizacja zrzeszająca wybitnych intelektualistów o liberalnych i antykomunistycznych przekonaniach była sekretnie finansowana przez CIA, co mogło skompromitować jej współpracowników i sympatyków na Zachodzie, a w krajach bloku socjalistycznego — narazić ich na szykany.

Konstanty A. Jeleński (1922–1987) — eseista, przyjaciel artystów i pisarzy, utorował drogę do światowej sławy Gombrowiczowi, wydawca i tłumacz na francuski dzieł Miłosza, Wata i in., redaktor francuskiej antologii poezji polskiej, 1965, współpracownik i przyjaciel „Kultury" i paryskich „Zeszytów Literackich", sekretarz Kongresu Wolności Kultury w Paryżu w latach 1952–73, sekretarz redakcji „Preuves", autor wspomnienia o François Bondym (*Pod znakiem „dwugłowego Eckermanna". Na siedemdziesiąte urodziny François Bondy*, „ZL" 1985 Zima / 9, s. 151–154). Więcej o przyjaźni Herbert–Jeleński zob. ich korespondencja, „Zeszyty Literackie" 2004 nr 1 / 85, s. 121–135.

Na podstawie maszynopisu opracowała Barbara Toruńczyk. Podał do druku Piotr Kłoczowski.

[O Josifie Brodskim]. Pierwodruk „ZL" 2005 nr 4 / 92, s. 109–110 oraz równolegle: Zbigniew Herbert, Stanisław Barańczak, *Korespondencja (1972–1996)*, Zeszyty Literackie, 2005, s. 65–66. Wypowiedzi Zbigniewa Herberta po śmierci Josifa Brodskiego. Pierwsza to notatka sporządzona dla „Życia Warszawy" 29 I 1996, s. 7, druga — słowa odczytane podczas mszy świętej w intencji Josifa Brodskiego zamówionej przez Zbigniewa Herberta i odprawionej w kościele św. Marcina w Warszawie 9 III 1996.

Na podstawie kopii maszynopisu opracowała Barbara Toruńczyk.

Nota wydawcy

W chwili śmierci 28 lipca 1998 Zbigniew Herbert był uznawany w Polsce i w świecie za jednego z najwybitniejszych poetów XX wieku pomimo niewielkiego objętościowo dorobku literackiego — dziewięć tomów poetyckich, dwa tomy esejów, jeden tom dramatów. Po dziesięciu latach pracy w jego archiwum obraz tej twórczości ulega zmianie. Herbert był autorem cyklów. Miał wizję książki, którą tworzył, i nowo powstającym utworom na ogół przyznawał określone miejsce w szerszej konstelacji, nawet jeśli w końcu plan ten był realizowany inaczej lub został zarzucony. Działo się tak w wypadku zarówno szkiców, jak i wierszy. Projekty tych większych całości pozostały w jego archiwum i są bezcennym śladem twórczych zamiarów pisarza. Drukując tom szkiców lub wierszy, Herbert pomijał niejednokrotnie utwory wcześniej ogłoszone w czasopismach, nieodpowiadające jednak wizji opracowywanej książki. Niektóre utwory gubił w licznych przeprowadzkach i podróżach, o czym świadczą zapisy w listach. Efektem tego stylu pracy jest niewielka liczba ogłoszonych tomów i niezwykle bogata spuścizna materialna. Należał do niej przede wszystkim niewydany za życia Herberta tom szkiców *Labirynt nad morzem*, który ukazał się w naszym opracowaniu w roku 2000 (Warszawa, Zeszyty Literackie, s. 212). Nieujęte w publikacjach książkowych Herberta były także drukowane w czasopismach eseje i artykuły zebrane w tomie *„Węzeł gordyjski" oraz inne pisma rozproszone 1948-1998* (zebrał, opracował i notami opatrzył Paweł Kądziela. Warszawa, Biblioteka „Więzi", 2001). Dopiero wtedy można było sobie zdać sprawę, jak wiele opublikował w polskiej prasie literackiej sam Herbert: tom ten liczy 822 strony. Ryszard Krynicki w tym samym roku ogłosił próbę rekonstrukcji planowanego przez Herberta tomu *Król mrówek*. *Prywatna mitologia* (Kraków, Wydawnictwo a5, wyd. II poprawione i rozszerzone, 2008, s. 160).

Współpraca Herberta z „Zeszytami Literackimi" rozpoczęła się w Paryżu, gdzie państwo Herbertowie osiedli w styczniu 1986. Za życia Herbert powierzył nam do druku: dedykowany Konstantemu A. Jeleńskiemu wiersz *Tarnina* w poświęconym mu numerze (pierwodr. „ZL" 1988 nr 21, przedruk 1995 nr 1–50 oraz „ZL" 1998 nr 21, wyd. I krajowe); szkic *Gerard Terborch. Dyskretny urok mieszczaństwa* (pierwodr. „ZL" 1990 nr 31, przedruk w tomie *Martwa natura z wędzidłem*); wiersz o inc. *Ta mała ręka na białej pościeli...* (pierwodr. „ZL" 1990 nr 32); szkice *Synopie, David, Altichiero* (pierwodr. „ZL" 1990 nr 32); utwór prozą

203

H.E.O. (pierwodr. „ZL" 1990 nr 33, przedruk w tomie *Król mrówek*); powstałe na naszą prośbę wspomnienie *Petar Vujičić (1924–1993)* (pierwodr. „ZL" 1994 nr 2 / 46).

Już złożony chorobą w marcu 1998 przekazał nam Herbert do druku dziewięć wierszy (*Portret końca wieku*; *Ala ma kota. W obronie analfabetyzmu*; *Na chłopca zabitego przez policję*; *Szachy*; *Przyszło do głowy*; *Pan Cogito. Aktualna pozycja duszy*; *Kwiaty*; *Koniec*; *Dałem słowo*) oraz prozę *Pies infernalny*. Wierszy, które miały zapowiadać wydany w maju 1998 tom *Epilog burzy*, nie zdążyliśmy ogłosić. *Pies infernalny* ukazał się tuż przed śmiercią Herberta, w lipcu 1998 w numerze 3 / 63 (przedruk w tomie *Król mrówek*, dz. cyt.). Powierzył nam także druk listów profesora Elzenberga. Ich publikację w kwartalniku rozpoczęliśmy w roku 1996 w numerze 4 / 56.

Po śmierci Herberta jego żona Katarzyna Herbert powierzyła opiekę nad archiwum męża Piotrowi Kłoczowskiemu, wspierającemu nas w pracy nad wydaniem trylogii eseistycznej Herberta. Wybraliśmy wtedy wspólnie materiały do pierwszego szerokiego wyboru ineditów; ukazały się one w specjalnym, poświęconym Herbertowi numerze „Zeszytów Literackich" 1999 nr 4 / 68. W kolejnych numerach ogłaszaliśmy dalsze odnalezione teksty. W miarę porządkowania archiwum Herberta, w którym od sierpnia 2000 pracował także Henryk Citko, uzyskiwaliśmy szerszy obraz niepublikowanej twórczości.

Książka, którą oddajemy do rąk Czytelnika, zbiera inedita Herberta odnalezione w jego archiwum i wydrukowane na łamach kwartalnika „Zeszyty Literackie". Pomijamy utwory, które niesłusznie zaliczyliśmy do ineditów. Są to przekłady trzech wierszy Valery'ego Larbaud (druk w „ZL" 2000 nr 1 / 69; pierwodr. „Literatura na Świecie" 1973 nr 7) i wierszy Nelly Sachs (druk w „ZL" 2001 nr 2 / 74; pierwodr. „Poezja" 1967 nr 2) oraz szkic *Pana Montaigne'a podróż do Italii* (druk w „ZL" 2001 nr 1 / 73); pierwodr. „Tygodnik Powszechny" 1966 nr 10, przedruk w: Zbigniew Herbert, *„Węzeł gordyjski" oraz inne pisma rozproszone 1948–1998*, dz. cyt.

Odstąpiliśmy także od umieszczenia w niniejszym tomie naszej propozycji odczytania wierszy *Ala ma kota. W obronie analfabetyzmu* oraz *Co mogę jeszcze zrobić dla Pana* z tomu *Epilog burzy* (druk i komentarz wydawcy w „ZL" 2000 nr 2 / 70).

Inny utwór, z którego przytoczenia rezygnujemy, to fragment przekładu wiersza Rilkego *Orfeusz Eurydyka Hermes* (druk w „ZL" 2003 nr 3 / 83). Jak się okazało, podstawą naszej publikacji był przepisany przez Herberta przekład Edwina Jędrkiewicza. Rezygnujemy także z przedruku wszelkich przekładów poezji dokonanych przez Herberta, których pierwodruki ukazały się na łamach „Zeszytów Literackich", np. wierszy Sylvii Plath: *Lustro*, *Pani Łazarzowa*, *Gorączka 40*, *Śmierć i spółka* („ZL" 2000 nr 4 / 72, s. 53–59), czy wierszy Valery'ego Larbaud, *Trafalgar Square nocą* („ZL" 2000 nr 1 / 69, s. 63).

W tomie niniejszym pomijamy też pisma, które miały swój pierwodruk w „Zeszytach Literackich" jako inedita, ale zdążyły się już ukazać w osobnych edycjach książkowych. Mowa o listach Herberta do Henryka Elzenberga (*Korespondencja*. Redakcja i posłowie Barbara Toruńczyk, opracowanie przypisów B. Toruńczyk i P. Kądziela. Warszawa, Zeszyty Literackie, 2002). W tomie tym pomieszczono młodzieńcze niepublikowane wiersze Herberta: *Trzcina*, [*Do Francji*] o inc. *Gdy poznam wszystkie ogrody i zachód wypiję do końca*, *Ostatni* oraz wiersz o inc. *owinięty starannie w staniolę spojrzeń...* (odpowiednio s. 15–16, 28, faksymile — s. nlb. [117–118], 192–193), z których przedruku również obecnie rezygnujemy. Pomijamy też zebraną w osobnych tomach korespondencję Herberta ze Stanisławem Barańczakiem i Czesławem Miłoszem (Warszawa, Zeszyty Literackie, 2005 i 2006), tak jak i listy Herberta do innych osób ogłoszone w kwartalniku.

Rozmowy z Herbertem publikowane w „Zeszytach Literackich" (Andrzeja Babuchowskiego, Renaty Gorczyńskiej, ks. Janusza S. Pasierba) ogłaszamy wraz z niniejszą książką w tomie zebranych wywiadów udzielonych przez Poetę (*Herbert nieznany. Rozmowy*, Warszawa, Zeszyty Literackie, 2008).

Lekcja łaciny z tomu *Labirynt nad morzem* (fragmenty ogłoszone w „ZL" 2000 nr 3 / 71 oraz *Przerwana lekcja* ogłoszona w „ZL" 2003 nr 2 / 82) będzie przedmiotem osobnego wydania krytycznego.

W niniejszym tomie pragniemy przedstawić utwory z archiwum Herberta, reprezentatywne dla jego pracy twórczej i stanowiące jej wartościowy obraz. Są to utwory z lat 1952–98. Przytaczamy je w porządku chronologicznym, starając się odtworzyć daty ich powstania. Drukowane tutaj utwory rzucają światło na całe dzieło Herberta. Odsłaniają tajniki jego metody twórczej. W książce zamieszczamy kolejno szkice, wiersze, małą prozę, autokomentarze, audycję radiową, wspomnienia. Działy te ukazują wszechstronność dzieła Herberta. Przypisy znajdujące się w druku na odpowiednich stronach tekstu pochodzą od Autora. Nasze objaśnienia (głównie zwrotów w językach obcych i niektórych fragmentów tekstu) zamieszczamy na końcu książki wraz z komentarzami wydawcy. Niekiedy jest to historia odnalezienia tekstu, niekiedy odtworzona przez nas historia jego powstania. Wydały się nam niezbędne dla właściwego umieszczenia tekstu nie zawsze ukończonego lub ostatecznie zredagowanego przez Autora w kontekście jego twórczości. Pewne przypisy wydały się też konieczne dla właściwszego zrozumienia utworu.

Opracowany przez nas tom odsłania szczególną cechę dzieła Herberta. Było to mianowicie dzieło pracy nieustającej, wieloletniej. Plon olbrzymich wysiłków, ciągłego samokształcenia, podróży, lektur, doświadczeń życiowych, zarówno natury osobistej, jak i społecznej, politycznej, historycznej. Dzieło w toku, szczegółowo planowane, u którego początków stała wielka jego wizja, a które następnie rozkładane było na etapy — lata pracy. Tak powstawały szkice, wiersze, dramaty, audycje radiowe. Oczywiście plany ulegały zmianom w trakcie ich realizacji. Nie zmieniały się jednak główne tematy twórczości Herberta. Dlatego książka, którą prezentujemy, objawia jego dzieło być może po raz pierwszy w całości.

W tekstach uwspółcześniono interpunkcję i pisownię, a nazwy własne uzgodniono ze stosowanymi w Polsce. Milcząco poprawiono oczywiste błędy. Zachowaliśmy wszelkie osobliwości stylu, zwroty i wyrażenia specyficzne dla Herberta, również w odmianie nazwisk obcych — świadomi tego, że Autor był szczególnie wyczulony na rytm i oddech frazy. W wierszach ze względów oczywistych nie wprowadzamy najmniejszych zmian, zachowując w druku także ich układ graficzny.

Prezentowane tutaj teksty Herberta raz jeszcze skonfrontowano z materiałem archiwalnym, który od 11 grudnia 2006 znajduje się w zbiorach Zakładu Rękopisów Biblioteki Narodowej w Warszawie. Przypisy Barbary Toruńczyk do utworów drukowanych na łamach kwartalnika przejrzał i uzgodnił z aktualnym stanem wiedzy Henryk Citko. Zebrał on także i opracował do druku prezentowany tutaj materiał przy współpracy Barbary Toruńczyk, która uzupełniła przypisy i komentarze o wspomniane powyżej informacje oraz zredagowała tom w całości. Pełniejsze, opisowe omówienia prezentowanych utworów Herberta Czytelnik znajdzie w poszczególnych numerach „Zeszytów Literackich".

Wydawca wyraża serdeczne podziękowania za okazanie mu wsparcia i zrozumienia w jego pracy. Beata Jaworowska, Jolanta Karbowska, Marek Zagańczyk dopomogli w odczytywaniu tekstów Herberta z rękopisów, podobnie jak Małgorzata Łukasiewicz, Maryna Ochab i Marian Szarmach w odniesieniu do zwrotów obcojęzycznych. Jan Zieliński służył celną krytyką naszej pracy. Dzięki współpracy z Piotrem Kłoczowskim udało się odnaleźć w archiwum Herberta kilka poszukiwanych przez nas tekstów. Paweł Kądziela chętnie dzielił się z nami olbrzymią wiedzą edytorską i ustaleniami w zakresie biografii i dzieła Herberta. Wraz z upływem lat zgłaszali się do nas miłośnicy Herberta w kraju i za granicą — Darii Mazur i Maciejowi Taborowi zawdzięczamy cenne wskazówki naprowadzające na niedrukowane utwory Herberta. Pomocne były także ustalenia edytorskie Tomasza Fiałkowskiego, Pawła Kądzieli i Ryszarda Krynickiego zawarte w opracowanych przez nich publikacjach Herberta. Wszystkim tym osobom składamy słowo należnego podziękowania i wdzięcznej pamięci.

Publikacja niniejsza stała się możliwa dzięki życzliwości Katarzyny Herbertowej, która upoważniła nas do pracy w archiwum Herberta wpierw przez osiem lat we własnym mieszkaniu, obecnie w Bibliotece Narodowej. Bez jej pieczy i wytrwałości w dążeniu do ocalenia i utrwalenia w druku dorobku Poety, i bez jej znawstwa pracy twórczej Herberta nabytego w ciągu trzydziestu lat ich małżeństwa ta ani żadna inna książka Herberta wydana po jego śmierci nie mogłaby powstać. Przekazujemy Jej tutaj wyrazy najgłębszego podziwu i uznania oraz wdzięczności za okazane nam zaufanie.

Spis rzeczy

HERBERT NIEZNANY
Rozmowy

Ktoś zapukał do drzwi.
Rogowe okulary, kraciasta
marynarka i notes w ręku.
Nie ma wątpliwości:
dziennikarz-wybawca.
Nie bardzo chciałem badać,
czy jest on z krwi i kości, czy
z materii marzenia. Spojrzał
przenikliwie i zadał pierwsze
pytanie...

Zbigniew Herbert

**Rozmowy z samym sobą, wywiady prasowe,
odpowiedzi na ankiety.**

Ze Zbigniewem Herbertem o literaturze, historii i polityce
rozmawiają m.in. Renata Gorczyńska, Adam Michnik,
ks. Janusz Pasierb, Jacek Trznadel...

tel./fax (+ 48) 022.826.38.22
biuro@zeszytyliterackie.pl
www.zeszytyliterackie.pl

wydawca / Fundacja Zeszytów Literackich
Warszawa 2008

korekta / Paulina Materna
projekt okładki / Emilia Bojańczyk
projekt typograficzny / Janusz Górski
łamanie / Agencja Poligraficzna Sławomir Zych

druk i oprawa
Przedsiębiorstwo Wydawniczo-Poligraficzne „Gryf" S.A., Ciechanów

Zamówione książki, zeszyty i kwartalnik „Zeszyty Literackie"
wysyłamy za zaliczeniem pocztowym (w prenumeracie — gratis)
Zamówienia prosimy składać:
„Zeszyty Literackie", ul. Foksal 16, p. 422, 00–372 Warszawa
tel./faks: (+ 48) 022.826.38.22
e-mail: **biuro@zeszytyliterackie.pl**
lub w sklepie internetowym: **www.zeszytyliterackie.pl**
Akceptujemy karty płatnicze